教育部人文社会科学研究项目"制造业大气污染治理：
路径依赖解构与突破策略研究"（24YJA790065）资助

制造业大气污染治理的
路径依赖与突破策略研究

ZHIZAOYE DAQI WURAN ZHILI DE

LUJING YILAI YU TUPO CELÜE YANJIU

王素凤◎著

中国财经出版传媒集团

经济科学出版社
Economic Science Press

·北京·

图书在版编目（CIP）数据

制造业大气污染治理的路径依赖与突破策略研究／
王素凤著 ． -- 北京：经济科学出版社，2025.5.
ISBN 978 - 7 - 5218 - 6696 - 4

Ⅰ. X51

中国国家版本馆 CIP 数据核字第 2025DD7087 号

责任编辑：张　燕
责任校对：郑淑艳
责任印制：张佳裕

制造业大气污染治理的路径依赖与突破策略研究

ZHIZAOYE DAQI WURAN ZHILI DE LUJING YILAI YU TUPO CELÜE YANJIU

王素凤　著

经济科学出版社出版、发行　新华书店经销

社址：北京市海淀区阜成路甲 28 号　邮编：100142

总编部电话：010 - 88191217　发行部电话：010 - 88191522

网址：www. esp. com. cn

电子邮箱：esp@ esp. com. cn

天猫网店：经济科学出版社旗舰店

网址：http：//jjkxcbs. tmall. com

北京季蜂印刷有限公司印装

710 × 1000　16 开　10. 25 印张　168000 字

2025 年 5 月第 1 版　2025 年 5 月第 1 次印刷

ISBN 978 - 7 - 5218 - 6696 - 4　定价：66. 00 元

（图书出现印装问题，本社负责调换。电话：010 - 88191545）

序　言

　　在这个工业化飞速发展的时代，制造业的持续增长极大地改善了生产条件和生活品质。然而，与此相关的大气污染也对生态环境和人类健康造成了威胁。制造业大气污染治理已成为我国政府和社会各界共同关注的焦点。

　　本书的灵感即源于对这一严峻现实的认识与思考。解决制造业大气污染问题，不仅需要改进现有技术和管理等，更需要深入研究污染治理的路径依赖问题。它究竟如"蜜糖"般甜美，还是像"砒霜"般致命，抑或是二者兼有？又当如何破解？带着这样的疑惑，本书首先尝试将技术、制度和管理依赖纳入同一框架，构建大气污染治理路径依赖的理论模型；其次，考察大气污染治理典型事实，剖析路径依赖效应，并解构路径依赖机制；最后，凝练路径突破策略与保障措施，以期为我国制造业大气污染治理提供新的理论视角和实践借鉴。

相较于已有成果，本书的独特之处在于，将环境治理与路径依赖理论相结合，聚焦制造企业这一微观尺度，从技术依赖、制度依赖和管理依赖三个层面，定量评估大气污染治理中的路径依赖水平，为我国制造业大气污染治理提供新的研究视角。同时，运用定量研究方法，揭示单一及多重路径依赖的减排效应，并从企业性质、成熟度和投资规模三个维度比较实证结果，揭示路径依赖影响污染排放的异质性。进一步深入考察路径依赖的作用机制，并揭示企业文化、资本密集度在制造业大气污染治理路径依赖中的调节作用，为深化环境治理提供可靠的研究逻辑和政策依据。

停笔之际，仍觉意犹未尽，只因这项研究只是探索之旅的一小步，未来还有更长的路要走。期待与更多的学者和专家共同探讨这个课题，为制造业大气污染治理贡献智慧和力量。

相信通过各界人士的共同努力，我国制造业实现绿色转型与可持续发展将指日可待。

作者于安徽建筑大学金寨路校区

2025 年 1 月 8 日

前　　言

随着制造业的快速发展，其产生的大气污染排放问题日益受到关注，对公众健康和生态环境的威胁也不容忽视。研究制造业大气污染治理的路径依赖问题具有重要的理论和实践价值。本书基于环境经济学、创新经济学和制度经济学等理论，深入探讨了制造业大气污染治理的路径依赖问题，主要工作如下所述。

第一，构建大气污染治理路径依赖的理论模型。借鉴已有成果，将技术依赖、制度依赖和管理依赖纳入同一框架，分析制造业大气污染治理单一和多重路径依赖的理论逻辑，并提出研究假设，为路径依赖效应分析和机制解构奠定基础。

第二，考察制造业大气污染治理的典型事实。从排放总量和均值两个维度，借助趋势图、柱状图和排序图等工具，评估制造业大气污染总体排放特征，定量描述宏观和微观治理投入的水平与差异；构建考虑非期望产出的超效率 SBM 模型，测算制造业 29 个细分子行业的大气污染治理效率，探明低效来源，并从技术和要素两个视角进行分解，确定治理效率的影响因素及其贡献度，为后续的实证研究提供初步的经验证据。

第三，剖析制造业大气污染治理路径依赖效应。首先，以制造业 1884 家上市企业 2009~2021 年的数据为样本，借助词典法测度制造企业路径依赖水平并观察其变化趋势。其次，构建时间和个体双固定效应基准模型，分别以技术、制度和管理依赖为核心解释变量，考察制造业大气污染治理过程中的路径依赖现象，回答路径依赖究竟是"蜜糖"还是"砒霜"的问题。最后，利用替换变量、处理极端值、分样本回归以及考虑内生性等手段进行稳健性检验，进一步从企业性质、成熟度和投资规模等层面分析路径依赖效应的异质性。

第四，解构制造业大气污染治理路径依赖机制。主要分为三个环节：第一步，计算制造业大气污染治理路径依赖的子行业联动度，并纳入基准模型，研究考虑子行业联动度时路径依赖效应的变化；第二步，构建中介效应模型，分别从技术适应性、制度执行力和管理开放度三个途径，讨论大气污染治理路径依赖的中介效应；第三步，运用调节效应模型，研判企业文化和资本密集度在路径依赖影响污染排放过程中的调节作用，系统揭示路径依赖的影响机制。进一步从技术、制度和管理等维度，提出制造业大气污染治理的路径突破策略。

第五，凝练制造业大气污染治理突破保障措施。借鉴欧盟、美国、英国、日本和加拿大等国外大气污染治理的典型模式，基于制造业大气污染治理路径依赖的理论框架和经验发现，从政府、行业以及企业层面给出保障措施。研究结论丰富了环境治理路径依赖相关理论体系，为制造业大气污染控制提供了新的研究视角。同时，也为政策制定、行业发展和企业创新提供了实践借鉴。

　　本书适合广大从事环境经济与可持续发展研究的科研工作者和研究生同学阅读使用。

目　　录

| 第 1 章 |

绪　　论

1.1　研究背景与意义

制造业是国民经济的基石，承载着科技创新和产业升级的重要使命（Xiao et al.，2024）。但制造业在生产过程中会排放大量的废气，包括二氧化硫、氮氧化物和颗粒物等，是大气污染的主要来源。随着环保法规的完善和环保技术的进步，制造业污染治理举措取得了明显成效，大气污染排放增速有所下降，然而总能耗仍明显攀升，重污染子行业例如化工、非金属矿物制品等占工业大气污染排放总量的比例仍居高不下（大于50%）。

表面上看，制造业大气污染治理陷入困境可能源于经济体量的增长、能耗结构的刚性等，但隐藏在这一现象背后的深层机理仍有待挖掘。根据路径依赖理论（Page，2006），某种制度（也可能是技术组合或管理方式）一旦形成，会由于自我强化机制而在一定时期内持续存在，无论是否有利于绩效，都难以随环境和目标变化而灵活调整，甚至出现"锁定"现象。这种锁定又分为两种情形：一是积极锁定，即初期某种技术（制度、管理）选定之后能够产生报酬递增，并吸引其他技术向该技术（制度、管理）安排调整，进一步强化初始的技术变迁方向，使经济社会沿着良性路径发展；二是消极锁定，即尽管某种技术（制度、管理）路径是低效的，但由于现存相关的具体安排对其提供的持续支持，以及利益相关主体的竭力维系等，使得主体被锁定在这一低效路径而停滞不前（余向华，2010）。低效锁定正是制造业大气污染治理长期徘徊的主要原因之一。

为了破解上述难题，需要解构并改变低效路径的形成机制，甚至借助外力将主体推入良性轨道。当前关于路径依赖的文献集中于经济增长、结构变迁、产业集聚、组织行为等视角，对污染治理的路径依赖分析不多；少数学者以第 26 届联合国气候变化大会缔约方为样本考察了绿色增长中的路径依赖现象（Hu et al.，2024），或者分析地区碳税的路径依赖原因（Chou & Liou，2023），但鲜有成果聚焦路径依赖对大气污染治理的影响。制造业大气污染治理中是否存在，以及存在怎样的路径依赖效应，是"蜜糖"应予以鼓励，还是"砒霜"当予以摒弃？路径依赖作用机制为何？如何破解？对这一系列问题的回答将深化污染治理研究，有效推进制造业绿色转型和高质量发展。

1.2 国内外研究现状

1.2.1 制造业大气污染治理相关研究

关于制造业大气污染排放特征。在时间层面，近年来随着环境政策力度持续加强，制造业大气污染排放增速有所下降，但总能耗仍明显攀升，污染排放量也呈增长态势。在空间层面，由于泛长三角地区制造业转型，污染物排放重心自东向西转移；污染密集型产业具有空间转移特征，呈现出"集聚—扩散—集聚"的空间趋势（Song & Feng，2023）。

关于制造业大气污染排放成因。"十二五"时期以来，制造业能源消费结构由煤炭、石油等化石能源向天然气、电力等清洁能源转换，但煤炭消费仍是制造业大气污染物和温室气体排放的主因。基于不同的研究样本和研究方法发现，制造业集聚对大气污染可能产生倒"U"形、抑制、促进三种截然不同的影响（Fan et al.，2023）。

关于制造业大气污染治理。研究表明，末端设备和能源效率防止了二氧化硫排放量的增加，且通过末端治理、提高能源效率和污染防治，烟粉尘排放量也有所减少；水泥行业的减排是由技术发展引起的（Fujii et al.，2013）。大气污染治理与制造业效益的关系并非一成不变。例如，有研究发现，1998～2005 年，空气污染控制政策相对广泛，空气质量与制造业效益之间存在负相关关系；2006～2010 年，正相关关系逐渐显现，2011 年以来，随着大数据技术在政策制定和环境治理中的普及，政府间合作不断深化，制造企业更加积极地参与治理，因此，空气质量与制造业综合效益之间的正相关关系保持稳定（Sun et al.，2021）。大量成果证实，协同努力减少污染已成为中国在新发展阶段经济社会全面绿色转型的必然选择（Xian et al.，2024；Feng et al.，2024a）。

1.2.2 路径依赖基本内涵与测度方法

路径依赖的概念最早起源于对生物物种进化路径的描述，随着理论演进和学科融合，先后被引入社会学、经济学等领域，并在近20年成为演化经济地理学的核心要素之一。简言之，路径依赖是指某一事件是其自身历史结果的现象。亚瑟等（Arthur et al.，1987）认为，在一个动态的经济系统中，当不同的历史事件及其发展次序无法以100%的概率实现同一种市场结果，则该经济系统就是路径依赖的。诺斯（North，1983）强调，路径依赖是指制度框架使各种选择定型并约束可能被锁定的制度路径的情况。经典的路径依赖模型分为四个阶段：由历史偶然性导致的初始状态、自我强化、路径依赖（或锁定）、路径解锁（贺灿飞，2018）。

路径依赖的测度方法和技术很多，大致可分为以下五类：一是单指标型，即用某个指标（或指数）衡量路径依赖的程度，例如，以技术选择指数（TCI）变化率衡量路径依赖效应（张生玲等，2016），或以采矿业专业化指数来表征资源型城市的路径依赖水平（苗长虹等，2018）等。二是指标组合型，即从多个维度拆解并评估路径依赖现象。三是以定性语言描述的路径依赖，例如，以操作惯例、搜寻惯例和柔性惯例的生成过程反映案例企业组织惯例的路径依赖，或借助实验法、模糊集定性比较分析法等测度路径依赖。四是将试点政策视为准自然实验，以政策虚拟变量表征是否存在路径依赖，构建双重差分模型（difference-in-difference，DID）研究政策执行中的路径依赖程度（王翠翠，2023）。五是词典法（lexicon-based approach），基于预定义的词汇表或词典来识别文本中出现的词汇并进行量化分析以词频数反映路径依赖程度。总体来看，单指标法计算简单但不够全面，定性描述法可以涵盖更多维度但主观性强，指标组合法虽更全面、客观但数据获取困难，而 DID 方法在样本选择、异质性效应处理等方面存在难点。尽管词典法具有简单直观、快速高效和易于解释等优点（Feng et al.，2024b），但目前应用于大气污染治理中的路径依赖评价研究还较匮乏。

1.2.3　大气污染治理的路径依赖现象

1.2.3.1　大气污染治理中的技术路径依赖

阿瑟（Arthur）在讨论技术创新导致的路径依赖时指出，一种技术可以通过提高其他技术的使用成本来获得独特的市场优势，从而使经济决策行为陷入一种锁定状态，即形成所谓的技术路径依赖（Zhao et al.，2024a）。

技术路径依赖主要源于历史原因、技术锁定、投资沉没等因素（Apajalahti & Kungl，2022），具体而言：一是历史原因。企业在长期的发展过程中，积累了丰富的技术经验。这些经验在一定程度上为企业带来了竞争优势，但同时也使得企业在面临新技术变革时，容易陷入原有技术路径的锁定状态。二是技术锁定。企业在选择和应用治理技术时，往往受到现有技术体系和技术能力的限制。一旦企业投入大量资金和人力物力研发与应用某项技术，便会在一定程度上形成技术锁定，难以转向其他技术路径。三是投资沉没。企业在大气污染治理过程中，已投入大量资金购置设备、研发技术。这些投资形成的沉没成本，使得企业在面临新技术选择时，更倾向于维持原有技术路径，以降低潜在损失。

在大气污染治理中，表现为企业在选择和应用治理技术时，可能会持续使用某一技术或技术组合，即使新的技术或方法可能更有效或成本更低（Raineau，2022）。大气污染治理中的技术依赖还可细分为以下情形：第一，技术选择惯性，即企业在治理大气污染时，倾向于沿用以往成功应用的技术，对新技术的接受度和应用意愿较低。第二，技术创新不足，即企业过于依赖现有技术，导致技术创新动力不足，难以实现治理技术的跨越式发展。第三，技术更新滞后，即由于路径依赖，企业在治理技术更新换代方面滞后于行业发展，可能导致企业竞争力下降。

一般地，大气污染治理技术依赖具有以下特点：（1）自我强化性，即企业在持续使用某一技术或技术组合的过程中，会不断优化和完善相关技术，使其在短期内更具竞争力。（2）转换成本高，即企业从原有技术路径转向新的技术路径，需要付出较高的转换成本，包括技术学习、设备更新、人员培训等。（3）风险规避性，即企业在面临新技术选择时，往往出于风险规避考虑，倾向于维持原有技术路径（Jiang & Liu，2022）。

1.2.3.2 大气污染治理中的制度路径依赖

初始的制度安排往往决定了后续的路径走向。沿着既定的路径，制度变迁可能进入良性循环，也可能锁定在某种无效率的状态（Biddau et al.，2024）。

制度路径依赖主要源于以下三个因素：一是初始制度安排。初始的制度设计为企业提供了行为指南，这些制度安排往往成为后续制度变迁的基础，从而影响企业治理路径的选择。二是制度惯性。一旦某种制度安排确立，它就会形成一种惯性，使得企业在治理大气污染时习惯性地遵循现有制度。三是利益相关者的博弈。政府、企业、公众等利益相关者在制度变迁过程中存在博弈，可能导致制度被锁定在某种状态，难以改变（Rixen & Viola，2015）。

在大气污染治理中，表现为企业过度依赖政府提供的制度框架、政策支持和监管机制，而忽视了自身在环保治理方面的主体作用和责任（Bednar & Page，2018）。大气污染治理的制度路径依赖可以细分为以下三种情形：一是过度依赖政策。企业在大气污染治理中过度依赖政府的政策支持，缺乏自主治理的动力。二是监管机制僵化。企业习惯于在既定的监管框架下运作，即使监管效果不佳，也难以主动寻求变革。三是制度创新不足。企业在制度安排上缺乏创新，导致治理效率低下。

制度路径依赖也有其自身特点：（1）长期性。制度路径依赖一旦形成，往往具有长期性，不易在短期内改变。（2）自增强性。企业在新制度实施过程中，可能会进一步强化原有制度的地位，使得制度变迁更加困难。（3）转换成本高。改变现有制度路径需要付出较高的转换成本，包括政策调整、利益重新分配等（Conteh & Panter，2017）。

1.2.3.3　大气污染治理中的管理路径依赖

组织或企业在选择某一战略或管理实践后，由于历史原因、企业文化、组织惯性等因素，可能会持续沿着这一路径发展，即使新的信息或环境变化表明有更好的选择（Trencher et al.，2024）。

管理路径依赖的产生通常与以下因素相关：一是历史原因。企业的管理实践往往受到历史经验的影响，长期形成的习惯和做法成为管理决策的基础。二是企业文化。企业文化中的价值观、信念和行为规范可能导致企业在管理上形成固定的模式，难以改变。三是组织惯性。组织结构和管理流程的稳定性使得企业在面对变革时表现出强烈的惯性，倾向于维持现状（Rolland & Hanseth，2021）。

在大气污染治理中，表现为企业过度依赖现有的管理模式、管理经验或政策导向，而不愿意或不能及时适应新的变化或要求（Van Assche et al.，2021）。具体而言，有以下情形：一是管理模式固化。企业长期采用固定的管理模式控制污染排放，对新出现的管理理念和方法持保守态度。二是经验主义倾向。企业管理者过分依赖以往的成功经验，忽视了环境变化带来的新挑战。三是变革阻力。企业在面对管理变革时，常常因为路径依赖而产生抵触情绪，导致变革难以推行。

通常，大气污染治理的管理路径依赖存在以下特点：（1）持久性。管理路径依赖一旦形成，具有较强的持久性，不易被打破。（2）正反馈性。企业在持续使用某一管理路径时，会不断强化这一管理路径的合理性，形成正向反馈。（3）变革成本高。改变管理路径需要克服组织惯性和文化阻力，往往伴随着较高的变革成本（Troje，2023）。

实践中，当技术、制度和管理依赖相互交叉时，还会出现双重甚至三重路径依赖现象。

1.2.4　治理路径依赖的突破策略研究

路径锁定并非不可避免。在解决策略上，主要有"渐进式"和"突变式"两大类。渐进式治理策略是一种逐步推进、分阶段实施的方法，它强调在现有管理路径的基础上进行改良和优化，具有稳健性、可持续性和适应性。突变式治理策略则是一种根本性的、颠覆性的变革方法，它要求企业打破原有的管理路径，采取全新的治理模式，因而具有革命性、风险性和创新性。路径创造理论和传统路径依赖理论具有一定的相似性，都是用"突变"的方式"终结"原有路径。区别在于，前者是由行为主体发挥主观能动性，创造性地毁灭原有路径，而后者则强调通过外生力量干预来解除对原有路径的"锁定"。总体来看，破解路径依赖更多地体现为"渐进式"，即路径依赖形成过程中的"黏性"（郭爱君等，2017）。

在路径依赖理论下，囿于创新能力、要素结构、运营及转换成本的限制，传统产业纯技术效率、配置效率以及规模效率的锁定难以实现有效突破。"人工智能＋"提供了传统产业效率解锁的有效模式（黄蕊等，2020）。制度变迁中也存在着报酬递增的自我强化机制，但打破路径依赖、实现制度变迁，需要耗费高额的创设、学习和组织等转换成本，实现政策创新要激励并培养积极的自主意识。企业在外部冲击期间获得政策扶持是实现创新和重建的制度突破口（陈作任和李郁，2018）。资源管理能力作为企业依据环境变动并通过资源管理过程将情境信息内化的重要手段，是驱动组织学习与执行异动交互突破惯例路径依赖构建差异化组织惯例的关键（张璐等，2023）。

综上，"渐进式"策略对应于原有技术、制度或管理路径的量变过程，体现为路径依赖变量对污染排放的边际效应，即通过直接改变路径依赖变量而影响污染排放，实现渐进式治理；而"突变式"策略对应于新技术、制度或管理路径的质变过程，往往需要引入新的外生变量（若无外力，难以创新），需要考虑新的外生因素下的路径依赖效应，即通过改变其他变量间接完成路径依赖的环境效应，实现突变式治理（Liu et al，2023a）。更一般地，实践中两种策略常常共存而非互斥，可以交替出现，也可同时实施，取决于企业所面临的内外部环境。

1.2.5 研究评价

国内外学者关于路径依赖的研究已有较多成果，为本书撰写提供了一定的理论基础，但在以下三个方面仍有待进一步深化：一是理论分析框架不够完整。现有研究大多聚焦某个视角（如单一的技术、制度或管理）或某个领域（如某个制造业细分行业），较为分散，对制造企业路径依赖规律全貌和细节捕捉均不够深入。二是实证研究基础相对薄弱。当前污染治理的路径依赖多来源于理论推导、案例分析等，少有成果借助中介效应、调节效应开展机制分析、异质性讨论等经验研究。三是问题解决思路过于僵化。主要沿用"突变式"路径创造思维来终结锁定状态，忽视了破解路径依赖的"渐进式"策略，以及两类策略相互融合的事实，导致实践的滞后。本书拟在上述薄弱环节有所突破和创新，以推动制造业绿色转型，促进环境治理研究的理论与实践进展。

1.3　研究内容与方法

本书总体框架由四个部分构成，即理论机制、典型事实、效应分析、策略选择（见图1-1）。

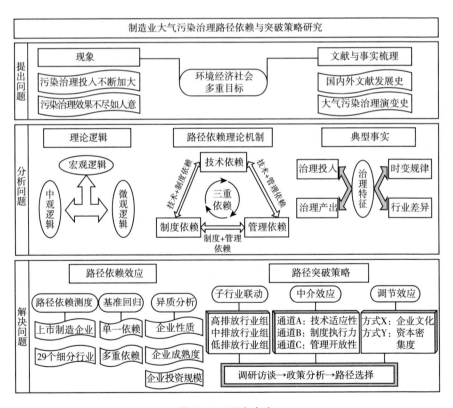

图1-1　研究内容

重点内容设计如下所述。

第一部分：制造业大气污染治理路径依赖的理论框架。包括：（1）基本概念。界定路径依赖、路径创造的内涵、类型与主要表现。（2）理论基础。从环境经济学、创新经济学和制度经济学等视角，分析大气污染治理理论，奠定本书研究的学理依据。（3）大气污染治理三重路径依赖的作用机理与逻辑关联。阐述技术/制度/管理单一路径依赖的作用机理，厘清两两交叉的双重依赖乃至三重依赖的形成逻辑，建立本书研究的理论框架。

第二部分：制造业大气污染治理效率演变的典型事实。包括：（1）制造业大气污染治理效率评价模型。考虑数据可得性，确定治理投入和产出指标，运用数据包络分析测算治理效率。（2）制造业大气治理效率的时变特征。将治理效率分解成纯技术效率、规模效率和配置效率，考察不同时段效率低下的主要来源。（3）制造业大气治理效率的细分行业差异。运用统计分析和可视化技术，呈现制造业子行业治理效率的差异性及关联性。

第三部分：制造业大气污染治理的路径依赖效应分析。包括：（1）制造业大气污染治理路径依赖定量测度。从政策文件、已有文献中提炼技术依赖、制度依赖和管理依赖关键词，借助文本分析方法分析制造业上市公司年报相关词频，定量描述制造业大气污染治理路径依赖的时变特征和子行业差异。（2）大气污染治理路径依赖实证模型。（3）路径依赖基准回归。以制造业上市企业为样本，检验大气污染治理的路径依赖特征与水平。逐步加入技术、制度、管理的两两交互和三者交互项，判断是否存在双重和三重依赖。（4）技术/制度/管理路径依赖的异质性。包括但不限于企业性质、企业成熟度、企业投资规模等维度。

第四部分：制造业大气污染治理路径依赖的突破策略。包括：（1）考虑制造业细分子行业联动的大气污染治理策略。依据上市公司大气污染排放水平，将全样本划分为高排放、中排放和低排放三组，计算组内路径依赖联动度并作为解释变量纳入回归模型，结合回归结果提出治理策略。（2）考虑中介效应的制造业大气污染治理策略。分别以技术适应性、制度执行力和管理开放性等为中介变量，研究技术/制度/管理变迁的间接治理效应，并给出相应的治理策略。（3）考虑调节效应的制造业大气污染治理策略。分别以企业文化和资本密集度为调节变量，分析其对技术/制度/管理路径依赖效应的影响，进而给出治理策略。

1.4　研究思路与路线

本书遵循"提出问题→分析问题→解决问题"的思路。首先，从制造业大气污染治理实践困境出发，系统梳理污染治理与路径依赖的相关理论，基于宏观、中观和微观治理逻辑，分析污染治理路径依赖三重作用机制，构建本书的理论分析框架。其次，利用制造业大气污染治理投入和产出资料，定量测算全行业及细分子行业的治理效率，并分解为纯技术效率、规模效率和配置效率，总结治理效率演变的基本规律。再次，以制造业上市企业为样本，分别从技术、制度与管理三个维度，实证检验大气污染治理中的单一、双重以及三重路径依赖现象及其异质性。最后，系统探究制造业大气污染治理过程中子行业联动效应、中介效应和调节效应，结合制造业绿色转型现实约束，提出大气污染治理策略。

本书拟综合运用环境科学、经济学、管理学、公共政策等学科理论，结合研究问题和研究目标，采取有针对性的研究方法与技术，保障研究过程和结论的科学性与可靠性。

（1）文献梳理方法。通过查阅国内外相关研究文献，了解大气污染治理与路径依赖的研究现状、问题和发展趋势，为后续研究提供理论依据和参考。

（2）定性分析方法。从宏观（经济总体）、中观（制造行业）和微观（企业）三个层面，剖析大气污染治理的逻辑，并就治理过程中的技术、制度与管理变迁三个维度，构建制造业大气污染治理的路径依赖理论机制。

（3）定量研究方法。一是利用数据包络分析评估制造业大气污染治理效率，并进行效率分解，明确治理过程中的瓶颈和优化方向。二是对企业年报、政策文件和访谈资料等进行文本挖掘，提炼制造企业的技术、制度与管理依赖指标，定量测度路径依赖水平。三是运用面板计量模型、中介效应和调节效应分析，揭示路径依赖效应和作用机制。

（4）综合分析方法。借助政策分析和专家访谈，收集可能实施的治理新技术、新制度和新管理模式词汇，丰富路径依赖关键词和蕴含的信息，增强路径依赖测度的合理性；运用案例研究和问卷调研，获取可行的污染治理措施，综合比较后最终确定制造业大气污染治理策略。

1.5 创新之处

本书的创新之处在于：第一，从制造业企业微观视角出发，将路径依赖与污染排放纳入同一分析框架。并借助文本分析法从技术依赖、制度依赖和管理依赖三个层面测度大气污染治理中的路径依赖水平，弥补了既有文献指标单一、数据获取困难或主观性强的不足。第二，借助固定效应模型揭示了单一及多重路径依赖的减排效应，并从是否为国有控股、企业成熟度、投资规模三个维度比较了不同样本组的回归结果，揭示了路径依赖影响污染排放的异质性。第三，运用中介效应和调节效应模型，聚焦技术适应渠道、制度执行渠道和管理开放渠道，深入考察路径依赖的具体作用机制，并揭示了企业文化、资本密集度在制造业大气污染治理路径依赖中的调节作用，为从理论和实践两个角度深化环境治理提供了可靠的研究逻辑和政策依据。

| 第 2 章 |

相关理论与逻辑框架

本章简要介绍大气污染治理的基本内涵，阐述制造业大气污染治理的理论依据，并从直接效应、间接效应和调节效应三个维度探讨大气污染治理路径依赖的理论逻辑。

2.1 概念界定

2.1.1 制造业大气污染治理的内涵与外延

大气污染是指有害物质（如颗粒物、二氧化硫、氮氧化物、挥发性有机物等）进入大气层，导致大气成分发生改变，从而对人体健康、生态环境和气候产生不良影响的现象（Vallero，2014）。大气污染治理则是通过采取一系列措施和方法，减少或消除大气中的有害物质，以改善空气质量，保护人类健康和生态环境的过程。

从内涵上看，制造业大气污染治理具有三个典型的特性：一是针对性，即制造业大气污染治理主要针对生产过程中产生的污染物，如工业废气、粉尘等；二是系统性，即治理措施包括源头削减、过程控制、末端治理等多个环节，形成一套完整的污染防控体系；三是动态性，随着技术进步和产业发展，制造业大气污染治理措施需要不断调整和优化（Fu et al.，2021）。

从外延上看，制造业大气污染治理涉及多个层面（Cao et al.，2022）。一是产业结构调整，即优化制造业产业结构，淘汰落后产能，发展绿色低碳产业。二是能源结构优化，即提高清洁能源使用比例，减少煤炭、石油等高污染能源消耗。三是技术创新与应用，即研发和推广大气污染防治新技术、新工艺，提高污染治理效率。四是环境管理体系建设，即建立健全制造业企业的环境管理体系，提高企业环保意识。五是政策法规与标准制定，即针对制造业的特点，制定和完善大气污染防治政策、法规和标准。六是社会共治，即鼓励社会各界参与制造业大气污染治理，形成政府、企业、公众共同参与的治理格局。

2.1.2 大气污染治理路径依赖的内涵与表现

从技术路径依赖来看，制造业企业在大气污染治理技术选择过程中，往往受到技术成熟度、政策导向等因素的影响，逐渐形成对某一技术的依赖（Tang & Ho，2019）。随着企业在该技术上的投资增加，技术锁定现象越发明显。具体而言，企业可能更倾向于采用标准化技术、内部员工对学习新技术缺乏动力、更青睐已经熟练掌握的技术以降低成本等。长此以往，将忽视或推迟采用更环保但尚未成熟的新技术；因依赖旧技术导致治理效率低下，无法适应新的环保要求；或因现有技术的沉没成本较高而难以转向更有效的污染治理技术（Liu et al.，2023b）。

从制度路径依赖来看，由于经济和政治的相互作用与文化遗产的影响，制造业大气污染治理可能被锁定在某种低效的制度中，且制度变迁往往比技术变迁更复杂（Saeed et al.，2024）。具体而言，既有的污染治理政策和法规使得新政策的引入面临阻力，既得利益者可能抵制现有制度的变革，以及现有制度的合法性认同增加了制度变革的难度等。于是，企业可能因制度僵化而无法及时响应环境变化和新的治理需求；现有制度的路径锁定将进一步增加改革成本和难度；而制度依赖也会加剧环境治理中的不公平现象，如某些企业可能因制度漏洞而逃避减排责任。

从管理路径依赖来看，企业管理者在治理大气污染过程中，受到自身认知、企业文化等因素影响，逐渐形成并依赖于某种独特的管理模式（Viktor，2022）。当企业内部形成一套固定的管理流程和惯例，它将惯性地持续存在；管理者的认知框架可能限制对新管理方法的认知和接受；企业文化和价值观也有可能固化特定的管理方式，抵制变革。由此，旧的管理模式可能导致效率低下，无法有效解决污染问题；管理依赖使得企业在面对新的环保要求和市场变化时，适应能力不足；管理模式的固化可能阻碍企业采用新的管理手段和方法，从而影响污染治理效果。

进一步来看，制造业大气污染治理中还可能存在多重依赖（Gitelman et al.，2024）。一方面，技术、制度和管理的路径依赖可能相互强化，导致环境治理滞后，难以实现可持续治理。另一方面，不同路径依赖交叉作用可能导致治理资源配置不当，并阻碍新技术研发和运用。因此，多重路径锁定尽管可能在一定程度上实现污染减排，但最终必须实现路径解锁，方能推动大气污染治理向更加灵活、高效和可持续的方向发展。

2.1.3 大气污染治理突破策略的内涵与方式

大气污染治理路径依赖突破策略是指为了克服在大气污染治理过程中形成的固定思维模式和行为习惯（即路径依赖），采取的一系列创新性和变革性的措施。这些策略旨在打破传统的治理模式，引入新的理念、技术和制度，以实现大气污染治理效率和效果的显著提升（Xu et al.，2021）。实践中，突破路径依赖的两种主要做法——渐进式和突变式往往并存，或交替进行。例如，制造企业在打破污染治理技术樊笼的过程中，可能从一开始的简单技术升级逐渐演变为技术革新，实现渐进式治理向突变式治理的跃迁。

一方面，大气污染治理路径依赖的直接突破策略包括：一是多元化技术策略，包括技术综合应用（避免单一技术依赖）以及技术迭代升级等；二是制度创新策略，包括政策灵活调整以及法规体系完善；三是管理创新策略，包括管理模式多样化与管理流程优化等（Zhang et al.，2022）。

另一方面，大气污染治理路径依赖还可以借助其他力量予以突破（Chen et al.，2022a）。例如，行业差异化策略。具体如针对不同排放水平的子行业定制化治理方案、行业间协同和资源共享等。又如，资源整合策略。具体如跨领域（科研机构、环保组织等）合作共同研发和应用新技术、实施产业链优化并推动上下游企业共同参与污染治理。再如，市场激励策略。具体如借助绿色金融政策和产品激励企业投资污染治理技术和设施、建立企业环境信用体系激励企业改善环境行为等。此外，还有企业文化塑造策略，包括环保文化培育、社会责任履行等。

2.2 理论基础

2.2.1 环境经济学视角下的污染治理理论

在环境经济学领域，污染治理主要基于外部性理论和成本效益分析。

2.2.1.1 外部性理论

外部性是指市场交易对非市场参与者产生的正面或负面影响（Buchanan & Stubblebine，2006）。在环境经济学中，污染被视为负外部性，即污染者的生产行为对他人和环境造成了损害，而这种损害并未在市场交易中得到反映。体现在制造业生产过程中，即产生的污染物排放对周围环境和公众健康造成损害，但污染者通常不需要为此支付全部成本。环境经济学主张通过政策手段将外部性内部化，即让污染者承担其行为造成的全部社会成本（Mohan et al.，2023）。

基于外部性理论，制造业大气污染治理需要确定两个问题（Berkouwer & Dean，2023）：一是责任归属。制造业企业应为其排放的污染物负责。政府通过立法和监管，确保企业承担治理污染的责任。二是激励机制。可以通过税收、罚款、排放权交易等手段，激励企业减少污染物排放。例如，实施碳税可以增加排放污染物的成本，促使企业寻求更清洁的生产方式。

2.2.1.2 成本效益分析

成本效益分析是一种评估政策或项目经济效益的方法，它通过比较项目或政策的总成本与总效益，以确定其是否为社会带来净效益（Boadway，2006）。体现在制造业大气污染治理中，即是要评估污染治理措施的成本与其带来的环境、健康和社会经济效益，以确定最有效的治理策略。

基于成本效益理论，制造业大气污染治理应当采取以下举措（Åström，2023）：一是制定污染治理标准。这是成本效益分析的目的所在。通常，政府会进行成本效益分析，确保标准既能有效减少污染，又不会给企业带来过高的经济负担。二是推广清洁生产和绿色技术。譬如，鼓励企业采用清洁生产技术和绿色技术，以减少污染物的产生。这些技术的应用可以通过政策补贴、税收优惠等手段得到促进。虽然初期投资可能较高，但长期来看，清洁技术和绿色生产能够降低运营成本，提高企业的市场竞争力。三是实施环境经济政策。例如，利用市场机制如排放权交易，为企业提供灵活的污染治理方式，企业可以通过减少排放或购买排放权来遵守法规。或者通过对污染物排放进行征税，提高污染行为的成本，从而激励企业减少污染。四是评估和调整治理策略。要定期评估污染治理措施的效果和成本，根据评估结果调整治理策略。并且，随着技术进步和市场条件的变化，不断优化治理措施，以实现环境效益和经济效益的最大化。

2.2.2　创新经济学视角下的绿色转型理论

创新经济学关注创新在经济发展中的作用，以及如何通过创新推动经济结构的转型。同时，绿色转型理论强调将创新应用于环境领域，以实现经济增长与环境保护的双赢（Coccia，2018）。

2.2.2.1　创新驱动与污染减排

以技术创新为例，它是推动绿色转型的核心动力，能够减少资源消耗和污染排放（Chen et al.，2022b）。在制造业大气污染治理中，创新激励的重要性体现在以下五个方面：一是政策引导。政府通过制定一系列政策措施，鼓励企业加大研发投入，创新环保技术。例如，对采用高效污染处理技术和节能技术的企业给予税收优惠、补贴等支持，从而激发企业技术创新的积极性。二是技术研发。企业在新产品、新工艺的研发过程中，不断寻求更环保、更高效的技术方案。如低氮燃烧技术和挥发性有机化合物（VOCs）回收技术，这些技术的成功应用，显著降低了大气污染物的排放。三是成本效益。技术创新有助于降低企业的生产成本，提高资源利用效率。在市场竞争中，具备环保优势的企业更容易脱颖而出，从而实现可持续发展。四是产业链协同。技术创新不仅局限于单个企业，还涉及产业链上下游企业的共同参与。通过产业链协同创新，实现绿色转型的整体效益。五是社会责任，企业通过技术创新，履行社会责任，提升企业形象。在消费者日益关注环保的背景下，绿色企业形象有助于提高市场竞争力。

2.2.2.2 环境规制与绿色创新

环境规制是推动企业进行绿色创新的重要外部力量。在绿色转型的过程中，政府通过制定和实施一系列环境法律法规和排放标准，不仅为企业设定了环保底线，同时也为企业指明了绿色创新的方向。环境规制刺激企业进行绿色创新的主要逻辑表现在（Cui et al.，2022）：一是环境压力传导。政府设定的排放标准和环保法规，对企业构成了直接的环境压力。这种压力迫使企业必须采取措施以减少污染排放，否则将面临罚款、停产甚至吊销营业执照的风险。在这种压力下，企业更有动力去寻求绿色技术创新，以符合环保要求。二是创新导向作用。环境规制往往明确了污染物的排放限值和技术标准，这为企业提供了绿色创新的具体目标和方向。例如，政府可以针对特定污染物设定更严格的排放标准，引导企业研发相应的污染治理技术。三是技术升级激励。为了满足更严格的环境规制，企业需要投资于新技术的研究与开发，这有助于推动企业技术升级和产业结构的优化。通过绿色创新，企业可以提高资源利用效率，降低环境成本。四是竞争优势塑造。遵守环境规制并进行绿色创新的企业，往往能够在市场上获得竞争优势。这是因为它们能够提供更环保的产品和服务，满足消费者和市场的绿色需求。五是长期可持续发展。环境规制促使企业从长远角度考虑自身发展，通过绿色创新实现可持续发展。这种创新不仅有助于企业减少对环境的负面影响，还能提升企业的社会责任形象。

2.2.2.3 绿色市场与产业转型

绿色转型的成功实施，离不开绿色产品和服务的市场需求增长与扩大。这一过程不仅推动了绿色技术的商业化和广泛应用，而且对产业结构的优化和升级起到了关键作用（Mehmood et al.，2024）。绿色市场促进产业转型的基本路径包括：第一，市场需求驱动。随着消费者环保意识的提升，对绿色产品和服务的需求日益增长，这种需求成为推动企业转型的直接动力。企业为了满足市场需求，不得不调整产品线和服务，向更环保的方向发展。第二，绿色产品推广。绿色市场的形成和扩大，依赖于绿色产品的有效推广。通过广告、营销等手段，企业可以提升绿色产品的市场认知度和接受度，从而促进其销售。第三，产业链重构。绿色市场的兴起带动了相关产业链的重构。从原材料采购、生产制造到产品分销，整个产业链都需要向更环保的标准看齐，这促进了产业结构的绿色转型。第四，技术创新与应用。绿色市场的需求为技术创新提供了广阔的应用空间。企业为了在绿色市场中占据一席之地，不断进行技术研发和创新，推动绿色技术的成熟和应用。第五，政策支持与市场机制。政府在绿色市场的发展中扮演着重要角色。通过提供政策支持、补贴和税收优惠等措施，政府可以加速绿色市场的形成，为产业转型创造有利条件。

2.2.2.4 绿色发展战略与政策支持

在推动制造业企业实现绿色转型的过程中，政府的绿色发展战略和政策支持起着至关重要的作用。这些政策和战略旨在通过一系列经济激励措施，降低企业转型成本，提高绿色生产的吸引力，从而促进整个社会的绿色发展（Wang & Juo，2021）。具体表现在以下五个方面：一是绿色发展战略规划。政府通过制定长期的绿色发展战略，为企业指明了绿色转型的方向。这些战略通常包括具体的环保目标、产业发展路径和技术创新重点，为企业提供了清晰的政策导向。二是财政补贴。政府提供的财政补贴是直接激励企业进行绿色转型的手段之一。这些补贴可以用于支持企业购买环保设备、研发绿色技术和改造生产流程，从而减轻企业的初期投资压力。三是税收优惠。税收优惠政策能够降低企业采用绿色生产技术的成本。例如，对使用清洁能源、减少污染物排放的企业给予税收减免，可以显著提高企业进行绿色生产的积极性。四是绿色信贷。政府联合金融机构推出的绿色信贷产品，为企业的绿色项目提供低息贷款或信贷支持。这种金融手段帮助企业解决了资金问题，促进了绿色技术的应用和推广。五是政策引导与监管。除了经济激励措施外，政府还通过立法和监管手段，引导企业遵守环保法规，实现绿色生产。例如，通过环境审查、排放许可等制度，确保企业履行环保责任。

2.2.2.5 绿色价值观与文化塑造

绿色转型不仅是技术层面的革新，更深层次的是社会价值观和文化观念的转变。在制造业中，培育和弘扬绿色企业文化，提升员工对环境保护的认知和责任感，是实现长期绿色转型的关键所在（Geerts et al.，2023）。具体地，绿色价值观与文化塑造主要通过以下方式推动企业绿色转型：一是绿色企业文化培育。企业文化的核心是企业价值观的体现。通过培育绿色企业文化，企业可以在组织内部达成一种共识，即环境保护和可持续发展是企业运营的重要组成部分。二是员工绿色意识提升。通过教育和培训，企业可以增强员工的绿色意识。这种意识不仅体现在工作行为上，还渗透到员工的日常生活中，形成一种自觉的环保习惯。三是环保责任感的建立。企业应鼓励员工认识到自己对环境保护的责任，将绿色理念融入生产、管理、研发等各个环节，从而在整体上提升企业的环保水平。四是绿色行为规范的制定。企业可以制定一系列绿色行为规范，指导员工在日常工作中的环保实践。这些规范可以是节能、减排、循环利用等方面的具体措施。五是绿色沟通与协作。在企业文化中强调绿色沟通和协作的重要性，可以促进不同部门之间在绿色转型过程中的配合，形成合力，共同推进环保目标的实现。

2.2.3 制度经济学视角下的政策分析框架

制度经济学专注于研究经济行为背后的制度安排，以及这些制度如何影响经济效率和产出。在制造业大气污染治理中，制度经济学的视角提供了一个分析政策如何影响企业行为和环境结果的框架。

2.2.3.1 制度与经济行为

制度经济学认为，制度是经济行为的基础，它通过提供一套规则、激励和约束机制来塑造和引导经济主体的行为。在制造业大气污染治理的背景下，制度的建立和完善对于促进环保行为、优化资源配置和提升环境质量具有重要作用（North，2016）。具体而言，有以下五点：一是规则制定。制度通过制定明确的规则，为经济行为设定了界限和方向。在环保领域，这些规则包括污染物排放标准、生产过程的环境保护要求等，它们为企业的生产行为提供了明确的指引。二是激励机制。制度通过激励机制的设计，鼓励或诱导经济主体采取符合社会期望的行为。例如，通过税收优惠、补贴等手段激励企业采用清洁生产技术，减少污染排放。三是约束作用。制度通过法律、行政等手段对经济行为进行约束，防止和惩罚那些损害环境的行为。这种约束有助于维护市场秩序，保障环境的可持续发展。四是信号传递。制度的建立和执行向市场传递了政府对于环境保护的重视程度，这会影响企业的预期和行为。例如，严格的环保法规传递了政府治理环境污染的决心。五是长期效应。制度的稳定性和连续性为经济主体提供了长期的行为预期，有助于形成稳定的投资环境和持续的环境保护行为。

2.2.3.2 政策设计与执行

政策的效果在很大程度上取决于其设计和执行的质量。一个有效的政策不仅需要具备清晰的目标和合理的实施手段，还需要有力的监督和评估机制来确保其执行到位。在制造业大气污染治理领域，政策的设计与执行尤其重要，因为它直接关系到环境质量的改善和绿色发展的实现（Lindquist，2020）。具体而言，一是明确的目标设定。政策设计首先需要确立具体、可衡量的目标。这些目标应当符合国家环境保护的总体要求，同时考虑到特定行业的环境影响，如减少特定污染物的排放量、提高能源利用效率等。二是差异化的策略制定。在政策设计中，应充分考虑行业特点、企业规模和污染程度等因素，制定差异化的治理策略。这种差异化不仅能够提高政策的针对性，还能确保不同类型的企业都能在能力范围内承担环保责任。三是合理的手段选择。政策执行的手段应当多样化且合理，包括经济激励、法规强制、技术指导等。选择合适的手段可以有效降低政策执行的成本，提高政策的效果。四是有效的监督机制。政策执行需要建立有效的监督机制，包括定期检查、环境监测、公众参与等。这些监督措施能够确保政策在实施过程中不被扭曲，及时发现并纠正执行偏差。五是动态调整与评估。政策执行过程中应进行定期评估，根据评估结果对政策进行必要的调整。这种动态管理能够确保政策始终符合实际情况，保持其有效性和适应性。

2.2.3.3 激励与约束机制

在制度经济学视角下，激励和约束机制是调节个体行为、实现政策目标的重要工具。在制造业大气污染治理中，通过巧妙设计这两种机制，可以有效地引导企业采取环保措施，减少污染排放，推动环境保护和可持续发展（Sun & Cao，2023）。首先，正向激励措施。常用的有四种形式：（1）补贴政策。政府通过提供资金补贴，直接降低企业采用环保技术的成本，鼓励企业投资于污染治理和清洁生产。（2）税收优惠。对采用环保技术、减少污染物排放的企业给予税收减免，提高其采用环保措施的积极性。（3）荣誉激励。对在环保方面表现突出的企业进行公开表彰，提升其社会形象和品牌价值，从而激励更多企业关注环保。（4）绿色信贷。为环保项目提供低息贷款或信贷支持，降低企业的融资成本，促进绿色技术的应用。其次，负向约束措施。主要包括：（1）罚款制度。对违反环保法规、超标排放的企业实施罚款，增加其污染行为的成本，从而起到震慑作用。（2）停产整治。对严重污染的企业采取停产整治措施，迫使其改善生产流程，达到环保标准。（3）法律责任。对造成严重环境污染的企业和个人追究法律责任，包括行政处罚和刑事追究，强化法律的约束力。（4）市场准入限制。对不符合环保要求的企业限制市场准入，阻止其产品进入市场，从而促使其改善环保状况。

2.2.3.4　制度变迁与路径依赖

制度变迁理论指出，制度的演变往往受到历史路径的影响，即所谓的路径依赖。这意味着，现有的制度安排和既得利益格局会形成一种惯性，影响未来制度的选择和变迁方向。在制造业大气污染治理中，理解路径依赖的效应，并采取措施打破不利于环境保护的旧有路径，是实现绿色转型的关键（Acemoglu et al.，2021）。首先，路径依赖的形成。长期以来，制造业可能形成了依赖高污染、高能耗的生产模式，这种模式在一定程度上固化了企业的行为和政府的监管方式，使得改革面临较大阻力。其次，现有制度的锁定效应。现有的制度可能存在锁定效应，使得企业和政府难以轻易改变现状。例如，企业可能习惯了末端治理的方式，而忽视了源头减排的重要性。再次，改革的挑战。制度变迁需要克服既得利益的阻力，这往往涉及利益的重新分配，因此改革可能会遇到强烈的反对。最后，打破路径依赖的必要性。为了实现环境保护和可持续发展的目标，必须打破不利于环保的路径依赖，推动制度向更加绿色、高效的方向变迁。

2.2.3.5　制度创新与环境治理

在环境治理领域，制度创新扮演着至关重要的角色。它通过引入新的治理机制，为解决现有制度无法有效应对的问题提供了可能。在制造业大气污染治理中，制度创新不仅能够提高治理效率，还能促进企业的环保意识和行为改变（Wang et al.，2023）。具体表现在：第一，新治理模式的探索。制度创新涉及探索新的治理模式，这些模式能够更好地适应环境治理的需求。例如，环境责任保险和环境信用体系等新型治理工具。第二，环境责任保险。通过建立环境责任保险制度，企业可以为可能发生的环境污染事故投保，从而在事故发生时迅速获得资金支持进行污染清理和赔偿，减轻企业和政府的负担。第三，环境信用体系。环境信用体系是一种新型的环境治理机制，它通过评估企业的环保表现，给予相应的信用评级，以此来影响企业的市场行为和声誉。第四，提升治理效率。制度创新能够提高环境治理的效率，因为它能够更有效地激励企业采取环保措施，同时降低监管成本。第五，促进企业自律。通过制度创新，可以促使企业更加自律地遵守环保法规，因为良好的环保记录将直接关系到企业的利益和声誉。

2.3 路径依赖影响大气污染治理的理论逻辑

2.3.1 路径依赖对大气污染治理的直接效应

关于技术依赖。制造业在采用某种大气污染治理技术时，往往需要投入大量资金用于购买设备、改造生产线等。一旦这些投资完成，企业就会倾向于继续使用这些技术，以分摊和回收投资成本。随着时间的推移，企业对特定技术的掌握程度逐渐提高，操作成本和故障率降低，实现了较好的减排效果。这种学习和经验积累使得企业更愿意继续使用已经熟悉的技术。而长期使用某项治污技术可以使企业实现规模经济，降低单位成本，出于成本考虑，企业可能会持续依赖现有技术（Song et al.，2023）。尽管一些新技术可能会出现，但存在不确定性和风险，出于风险规避的考虑，企业可能会选择继续使用现有技术。随着技术的发展和应用，形成与之配套的设施、工艺流程等，企业被迫锁定在现有的技术状态，减排效果可能不增反降。

关于制度依赖。大气污染治理政策和法规往往具有连续性和稳定性。企业和相关利益方会根据这些制度来调整自己的决策，随着时间的推移，这种调整逐渐形成一种习惯性依赖。当制度通过法律、规章等形式被社会广泛认可，使得企业倾向于持续遵循现有制度，并能在一定时期内促进污染减排。某些企业或集团可能从现有制度中获得特定利益，成为维持现状的强大力量，抵制任何可能损害其利益的制度变革。改变原有的制度结构需要巨大的政治和社会成本，同时新制度的实施也会带来不确定性和风险，于是，现有制度路径被持续依赖（Lin & Zhou，2022）。尽管此时企业可能已经处于污染治理边际效应下降甚至为负的状态，但短期内也无力改变。

关于管理依赖。企业在长期运营过程中形成了一套特有的管理流程和惯例，这些惯例往往被视为提高效率和降低成本的有效方式，并且也可能的确产生了较显著的污染治理效果。一旦管理者习惯了特定的管理模式，可能会抗拒新的管理理念和方法。另外，企业文化是企业内部共享的价值观、信念和行为规范，它会影响企业的管理风格和决策过程。一个强调稳定性和传统价值观的企业文化可能会抑制管理创新，即使外部环境已经发生变化。不仅如此，改变管理模式也意味着需要重新培训员工，这是一项耗时且成本高昂的工作，从而使企业倾向于维持现有的管理方式（Zhang & Wu，2020）。

此外，当同时运用多种污染治理手段时，不同的政策工具可能发生交互，共同影响污染排放。换言之，当技术与制度、技术与管理、制度与管理两两交互，甚至技术、制度与管理三者交互时，制造业大气污染治理中可能会出现多重路径依赖现象（Zhu et al.，2024）。

综上，提出以下假设。

H1a：制造业大气污染治理中存在非线性的技术依赖效应。

H1b：制造业大气污染治理中存在非线性的制度依赖效应。

H1c：制造业大气污染治理中存在非线性的管理依赖效应。

H1d：制造业大气污染治理中存在非线性的多重依赖效应。

2.3.2 路径依赖对大气污染治理的间接效应

2.3.2.1 技术适应性的中介作用

一方面，技术依赖影响技术适应性。当企业过度依赖现有技术时，可能会减少对新技术研发的投入，导致技术适应性降低。同时，企业可能更倾向于规避风险，不愿意投资于可能失败的新技术研发项目，从而降低技术适应性。此外，企业在现有技术上的沉没成本越高，越不会投资于新的研发项目，进一步削弱了技术适应性。另一方面，技术适应性影响大气污染排放。理论上看，技术适应性低意味着企业对新技术的研发投入不足，导致污染治理技术的更新换代缓慢、治理效率不高，无法快速适应环保法规或市场压力变化。但较高的技术适应性未必带来较低的污染排放，因为研发投入的增加可能导致企业扩大生产规模，最终反而增加污染排放（Yoon et al.，2024）。

2.3.2.2 制度执行力的中介作用

一方面，制度依赖影响制度执行力。当企业过度依赖现有的制度体系时，通常会更重视内部控制的更新和优化，提高制度执行力。同时，现有制度的利益集团可能会设法增强制度执行力，以维护自己的既得利益。当然，若长期依赖特定的制度可能导致政策执行僵化，缺乏灵活性，也会在一定程度上影响执行效果。另一方面，制度执行力影响大气污染排放。制度执行力低意味着企业在执行环保政策和规定时可能存在漏洞，或者可能不会严格遵守环保法规，从而导致大气污染排放增加。反之，制度执行力强的企业在面临环保压力或市场变化时，能够更有效地调整其生产和污染治理策略，实现污染减排（Pei & Pei，2022）。

2.3.2.3 管理开放度的中介作用

一方面，管理依赖影响管理开放度。当企业过度依赖特定的管理模式时，可能会形成一种封闭的管理文化，这通常与较高的第一大股东持股比例相联系，表明管理决策更加集中。管理依赖可能使组织结构更加固化，使第一大股东在公司决策中拥有更大话语权。而且，管理者的认知框架也会使其倾向于维护现状，导致管理决策更加封闭。另一方面，管理开放度影响大气污染排放。当管理开放度较低时，决策过程可能因为权力较分散而低效，不利于引入新的污染治理技术。较高的第一大股东持股比例通常意味着决策权更集中，可能具有更高的决策效率，从而影响大气污染治理的效率和效果（Benlemlih et al.，2023）。

综上，提出以下假设。

H2a：技术依赖通过技术适应性间接影响大气污染排放。

H2b：制度依赖通过制度执行力间接影响大气污染排放。

H2c：管理依赖通过管理开放度间接影响大气污染排放。

2.3.3 大气污染治理中路径依赖的调节效应

2.3.3.1 企业文化的调节作用

以技术路径依赖为例，为阐述企业文化对技术依赖影响大气污染排放的调节效果，可根据技术依赖水平将污染治理划分为两个阶段。首先，在技术依赖初期，企业通过强化相对高效的治理技术，可以减少污染排放。此时，如果企业文化也倾向于低效、保守的决策理念，则刚好契合该时期污染治理的技术需求；如果企业文化更倾向于高效决策和技术创新，则会促使企业不断寻求更有效的解决方案，这本身值得提倡，但却与该阶段企业依靠技术依赖减排的预期相背离，反而削弱了技术依赖的污染减排效果。其次，在技术高度依赖阶段，新技术难以引入，现有技术的治理效率下降、成本上升，边际减排效应减小甚至为负，即对某项技术（或组合）的过度依赖可能加剧污染排放。此时，鼓励高效决策和创新的企业文化更有利于企业打破现状，找到新的治理出路实现技术解锁，这事实上也会弱化该阶段技术依赖对大气污染的不利影响。企业文化对制度依赖、管理依赖的污染治理作用也可能产生类似的调节效应，即随着企业文化由低效封闭变得更加高效开放，制度依赖与管理依赖对污染排放的影响变弱（Mahran & Elamer，2024）。

2.3.3.2　资本密集度的调节作用

资本密集度对路径依赖影响污染排放的调节可从三个层面分析：第一，通过采用先进的污染治理技术，初期技术依赖可能会减少排放。随着资本密集度的提高，企业更倾向于依赖大规模的生产设施和自动化技术，这些技术可能并不总是最环保的，甚至可能是高能耗、高污染的技术。因此，资本密集度可能会强化技术依赖的环境效应。第二，通过遵守严格的环保法规和标准，初期制度依赖可能会减少排放。资本密集度较高的企业可能倾向于依赖现有的制度框架，而不是寻求制度创新，进一步强化了制度依赖的减排效应。第三，通过有效的管理实践，初期管理依赖可能会减少污染。随着资本密集度的增加，企业在管理投入方面更加谨慎，更倾向于依赖现有管理模式，而不是寻求更高效的管理创新，这也会在一定程度上影响管理依赖的减排效果（Wu et al.，2024）。

综上，提出以下假设。

H3a：企业文化对路径依赖的环境效应具有调节作用。

H3b：资本密集度对路径依赖的环境效应具有调节作用。

2.4　本章小结

大气污染治理、路径依赖及突破策略是制造业绿色可持续发展的核心问题。本章梳理了制造业大气污染治理与路径依赖相关的基本内涵。基于环境经济学、创新经济学和制度经济学等视角，探讨了制造业大气污染治理的理论依据。进一步阐述了路径依赖的直接效应、间接效应和调节效应，提出了相关假设，建立了大气污染治理的理论框架，为后续的实证研究奠定基础。

| 第3章 |

制造业大气污染治理典型事实

　　制造业大气污染治理已取得初步成效，但仍面临污染物排放量大、治理效果有待改进等问题。本章系统梳理制造业大气污染排放的总体特征和子行业差异，从宏观（政策）和中观（行业）层面呈现制造业大气污染治理投入，并运用超效率SBM方法测算制造业大气污染治理效率，探明行业治理水平和低效来源。

3.1 制造业大气污染排放特征

3.1.1 制造业大气污染排放总体情况

3.1.1.1 制造业大气污染物种类

制造业大气污染物主要包括以下类型：

✧ 含硫化合物，如二氧化硫（SO_2）、硫化氢（H_2S）、硫酸盐（SO_4^{2-}）等；

✧ 含氮化合物，包括氮氧化物（NO_x）、氨（NH_3）、硝酸盐（NO^{3-}）等；

✧ 颗粒物，如总悬浮颗粒物（TSP）、可吸入颗粒物（PM_{10}）、细颗粒物（$PM_{2.5}$）等；

✧ 挥发性有机物（VOCs），包括烷烃类、芳香烃类、烯烃类、卤代烃类、酯类、醛类、酮类等，常见的 VOCs 有苯、甲苯、二甲苯、苯乙烯、三氯乙烯、三氯甲烷、二异氰酸酯等；

✧ 持久性有机污染物（POPs），如艾氏剂、狄氏剂、异狄氏剂、滴滴涕、七氯、氯丹、灭蚁灵、毒杀芬、六氯苯、多氯联苯、多氯二苯并对二噁英和多氯二苯并呋喃等；

✧ 光化学氧化剂，包括臭氧（O_3）、过氧乙酰基硝酸酯（PAN）、大气中的自由基等；

✧ 碳的氧化物，包括一氧化碳（CO）、二氧化碳（CO_2）；

✧ 卤素化合物，包括氟化物、含溴化合物等。

在上述污染物中,《中国生态环境状况公报》重点关注的有二氧化硫(SO_2)、氮氧化物(NO_x)、颗粒物($PM_{2.5}$和PM_{10})、臭氧(O_3)、一氧化碳(CO)。而在制造业 31 个两位码细分子行业层面,《中国环境统计年鉴》主要公布了工业二氧化硫、工业氮氧化物和工业颗粒物排放量。另外,由于本书选择制造业上市企业为样本,其中子行业 16 和 43 的上市企业年报缺失,为保持数据一致性,本节将重点分析其余 29 个子行业(见附表 1)三类大气污染物的排放特征。

3.1.1.2　制造业大气污染排放总量

如图 3-1 所示,2011~2021 年,制造业大气污染排放总体呈下降态势,但不同污染物变化趋势略有差异。具体而言,制造业全行业二氧化硫排放量在 2015 年以后快速下降,氮氧化物排放量 2016 年以后缓慢减少,而颗粒物排放量 2014 年先降后升,再波动下降。上述现象是中国政府加大环保力度、推动产业升级和技术进步、改善能源结构等多种因素共同作用的结果,包括但不限于:

(1)2013 年以后,中国政府实施了一系列更加严格的环境保护政策和法规,特别是《大气污染防治行动计划》的实施,对燃煤电厂和其他工业设施进行了严格的排放限制,推动了脱硫技术的广泛应用,从而显著降低了二氧化硫的排放。

(2)2016 年以后,随着《大气污染防治行动计划》的深入推进,以及《打赢蓝天保卫战三年行动计划》的实施,对氮氧化物的排放控制措施得到了加强,包括对机动车尾气排放标准的提高和工业源排放的控制。

(3)颗粒物排放量的变化与产业结构调整和技术进步有关。2014 年颗粒物排放量的下降可能是由于初期环保政策的实施和清洁生产技术的推广,随后的上升则与经济增长和某些行业的扩张有关,而后更加严格的环境监管和污染治理技术的进一步提高是污染物排放波动下降的主要原因。

（4）随着中国对清洁能源和可再生能源的推广，以及对高污染、高能耗产业的淘汰和限制，化石燃料的使用比例逐渐降低，这有助于减少二氧化硫和氮氧化物的排放。同时，制造业的生产方式逐渐向高效、低污染的方向转变，这也对减少颗粒物排放产生了积极影响。此外，随着环境监测技术的提升和执法力度的加强，企业违法排污行为得到了有效遏制，这也促进了污染物排放量的下降。

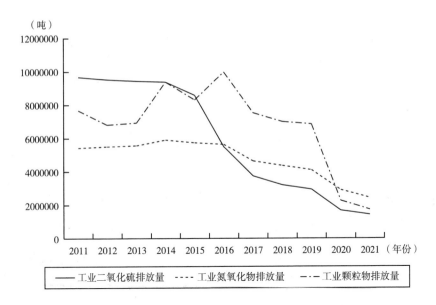

图 3 - 1 2011～2021 年制造业大气污染排放总量

资料来源：根据《中国环境统计年鉴》（2012～2022 年）整理得到。

3.1.1.3 制造业大气污染排放量均值

由图 3 - 2 可知，2011～2021 年，制造业 29 个子行业大气污染排放量均值也呈下降趋势，原因与总量类似，不再赘述。

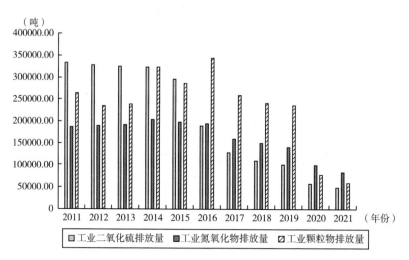

图3-2　2011~2021年制造业29个子行业大气污染排放量均值

资料来源：根据《中国环境统计年鉴》（2012~2022年）整理得到。

3.1.2　细分子行业大气污染排放差异

3.1.2.1　细分子行业二氧化硫排放均值

为比较29个子行业大气污染的排放水平，本书绘制了2011~2021年二氧化硫排放量均值排序图（见图3-3）。可以看出，黑色金属、非金属矿物、有色金属等子行业的排放量远高于其他行业。主要原因在于，这些行业通常依赖煤炭等含硫量较高的化石燃料作为主要能源，特别是在黑色金属冶炼（如钢铁）和非金属矿物制品（如水泥）生产过程中，煤炭燃烧是二氧化硫排放的主要来源。同时，上述行业在生产过程中涉及高温冶炼、烧结等工艺，这些工艺也会产生大量的二氧化硫。例如，铁矿石的烧结和炼铁过程中，硫元素与氧结合生成二氧化硫。这意味着，即使在制造业内部，子行业间的二氧化硫排放量也存在显著差异。

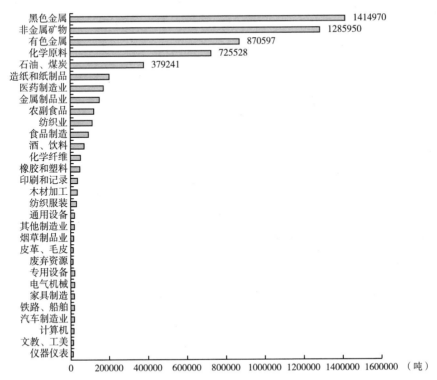

图 3 – 3　2011～2021 年制造业 29 个子行业工业二氧化硫排放量均值排序

资料来源：根据《中国环境统计年鉴》（2012～2022 年）整理得到。

子行业工业氮氧化物和颗粒物排放量排序与二氧化硫排放量没有显著差异，不再赘述。

3.1.2.2　细分子行业主要大气污染物排放均值

为进一步比较不同子行业大气污染排放水平，以图 3 – 3 为基础，根据 2011～2021 年二氧化硫排放量均值再次对 29 个子行业进行排序，并取前 10 名、中 10 名和后 9 名分别作为高排放组、中排放组和低排放组，分组统计大气污染排放量（见图 3 – 4）和排放结构（见图 3 – 5）。结合图 3 – 4 和图 3 – 5 可知，除了二氧化硫以外，高排放组的另外两类污染物排放量也远高于其他两组。这主要源于生产工艺、污染控制技术、产业规模、政策监管和产业结构等因素的综合影响。具体而言：一是生产工艺。高排放组中的行业往往涉及高温、高压等工艺，这些工艺条件容易产生大量的污染物。例如，金属冶炼和化学原料生产过程中会产生大量的氮氧化物和颗粒物。二是污染控制技术。高排放组行业的污染控制技术可能相对落后，或者污染控制设施的投资和维护成本较高，导致污染物排放控制效果不佳。三是产业规模。高排放组的行业往往具有较大的生产规模，即使单位产出的污染物排放量相同，总排放量也会因为规模效应而更高。四是政策监管。尽管相关部门已经实施了一系列严格的环保政策，但高排放组中的某些行业可能由于历史原因、地方经济依赖等因素，在政策执行上存在一定的难度，导致污染物排放量较高。五是产业结构。高排放组的行业可能更多地集中在重工业和基础原材料行业，这些行业的特点就是污染密集度高。而中排放组和低排放组的行业可能更多地涉及轻工业和服务业，污染程度相对较低。

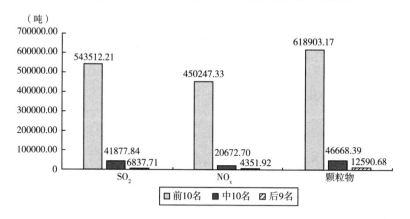

图 3 - 4 2011～2021 年制造业 29 个子行业大气污染排放量均值对比

说明：高排放组（前 10 名）包括黑色金属，非金属矿物，有色金属，化学原料，石油、煤炭，造纸和纸制品，医药制造业，金属制造业，农副食品以及纺织业。中排放组（中 10 名）包括食品制造，酒、饮料，化学纤维，橡胶和塑料，印刷和记录，木材加工，纺织服装，通用设备，其他制造业以及烟草制造业。低排放组（后 9 名）包括其余 9 个子行业。

资料来源：根据《中国环境统计年鉴》（2012～2022 年）整理得到。

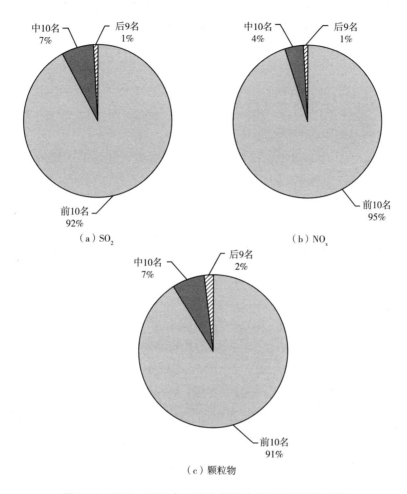

图 3 - 5　2011 ~ 2021 年工业大气污染物排放量均值占比

资料来源：根据《中国环境统计年鉴》（2012 ~ 2022 年）整理得到。

3.2　制造业大气污染治理投入

　　大气污染治理投入包括政策投入和行业治理两个层面。前者主要指各级政府出台的各类治污政策，包括法律法规、行动规划、制度规范等，属于宏观治理。后者则包括制造业治污技术、经费、设施等投入，属于中观治理。

3.2.1　制造业大气污染宏观治理

表3-1列出了"十二五"时期以来制造业大气污染治理的典型政策、实施时间及主要内容。可以看出，这方面的政策较为密集、具体，为大气污染减排提供了有力的制度保障。

表3-1　　　　制造业大气污染治理典型政策（2010~2023年）

政策名称	实施时间（年）	主要内容
关于推进大气污染联防联控工作改善区域空气质量的指导意见	2010	强调区域大气污染问题的解决需要采取区域联防联控措施，并将挥发性有机物（VOCs）列为重点污染物之一
大气污染防治行动计划	2013	要求所有燃煤电厂、钢铁企业的烧结机和球团生产设备、石油炼制企业的催化裂化装置、有色金属冶炼企业都必须安装脱硫设施，并实施了一系列减排措施
石化行业挥发性有机物综合整治方案	2014	规定重点地区2014~2017年VOCs控制进度
"十三五"规划中生态环境保护相关政策	2016	将资源环境指标设为约束性指标
环境空气质量标准（GB 3095—2012）	2016	规定环境空气功能区的分类和标准分级；规定多种污染物的浓度限值；规定监测大气污染物的具体方法和要求；明确大气污染防治的实施与监督机制；增加臭氧和细颗粒物两项污染物控制标准；引入空气质量指数（AQI）系统并向公众发布
中华人民共和国大气污染防治法（2015年修订）	2016	新设"重点区域大气污染防治"和"重污染天气应对"两个章节；对总量控制和排污许可作出具体规定，将实施范围从总量控制区扩大到全国

续表

政策名称	实施时间 （年）	主要内容
打赢蓝天保卫战三年行动计划	2018	旨在进一步提高大气污染治理的标准和效果
中共中央 国务院关于深入打好污染防治攻坚战的意见	2018	设立 2025 年和 2035 年两个阶段的污染防治目标，明确打好重污染天气消除攻坚战等 8 个标志性战役
"十四五"规划中生态环境保护相关政策	2021	明确"十四五"时期及 2035 年的生态环境保护目标，包括生产生活方式绿色转型、能源资源配置的合理化、主要污染物排放总量的持续减少等
"十四五"节能减排综合工作方案	2022	着眼于污染减排和绿色低碳发展，旨在通过结构调整促进经济高质量发展
空气质量持续改善行动计划	2023	强调以改善空气质量为核心，推动产业、能源、交通的绿色低碳转型，加快形成绿色低碳生产生活方式

资料来源：根据生态环境部、国家发展改革委、科技部、工业和信息化部等网站公开资料整理得到。

3.2.2　制造业大气污染中观治理

图 3-6、图 3-7 分别从总量和均值两个维度呈现了制造业大气污染治理投入情况。可以看到，"十二五"期间制造业大气污染微观治理投入变化不大。"十三五"期间政府加大了对大气污染治理的政策力度，制造企业治理投入明显增加，特别是治理设施运行费用和投入数量快速上升。"十四五"期间出现小幅回落，除了经济波动和政策重心转移等因素，还与波及全球的新冠疫情导致经济活动减缓、企业生存压力骤增等有密切关系。

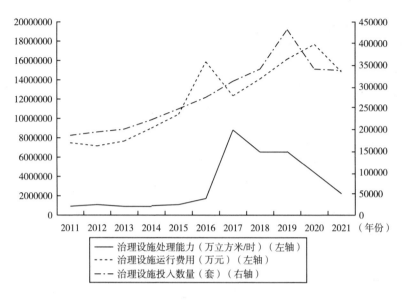

图 3 - 6　2011 ~ 2021 年制造业 29 个子行业大气污染治理投入总量

资料来源：根据《中国环境统计年鉴》（2012 ~ 2022 年）整理得到。

图 3 - 7　2011 ~ 2021 年制造业 29 个子行业大气污染治理投入均值

资料来源：根据《中国环境统计年鉴》（2012 ~ 2022 年）整理得到。

3.3 制造业大气污染治理效率

3.3.1 测算方法

3.3.1.1 非期望产出超效率 SBM 模型

托恩（Tone）于 2001 年提出了基于松弛测算的模型（Slack Based Measure，SBM），其优点是成功解决了径向模型在效率评价过程中忽视松弛变量的问题。但标准效率模型无法区分多个决策单元效率均为 1 的情形，为此，托恩于 2002 年又提出了超效率 SBM 模型。设有 n 个决策单元，m 种投入、p 种期望产出和 q 种非期望产出，分别表示为 x_i（$i = 1, 2, \cdots, m$），y_r（$r = 1, 2, \cdots, p$）和 b_t（$t = 1, 2, \cdots, q$）。制造业大气污染治理效率 θ 可用如下模型计算：

$$\min\theta_h = \frac{1 + \dfrac{1}{m}\sum_{i=1}^{m}\dfrac{s_i^-}{x_{ih}}}{1 - \dfrac{1}{p+q}\left(\sum_{r=1}^{p}\dfrac{s_r^+}{y_{rh}} + \sum_{t=1}^{q}\dfrac{s_t^{b-}}{b_{th}}\right)} \qquad (3-1)$$

$$\text{s. t.}\begin{cases} x_{ih} \geqslant \sum_{j=1, j\neq h}^{n} x_{ij}\lambda_j - s_i^- \\ y_{rh} \leqslant \sum_{j=1, j\neq h}^{n} y_{rj}\lambda_j + s_i^- \\ b_{th} \geqslant \sum_{j=1, j\neq h}^{n} b_{tj}\lambda_j - s_t^{b-} \\ 1 - \dfrac{1}{p+q}\left(\sum_{r=1}^{p}\dfrac{s_r^+}{y_{rh}} + \sum_{t=1}^{q}\dfrac{s_t^{b-}}{b_{th}}\right) > 0 \\ s_i^- \geqslant 0,\ s_r^+ \geqslant 0,\ s_t^{b-} \geqslant 0 \end{cases} \qquad (3-2)$$

其中，s_i^-、s_r^+ 和 s_t^{b-} 分别代表大气污染治理投入、期望产出和非期望产出的松弛向量。λ 为权重向量。

3.3.1.2 Malmquist-Luenberger（ML）指数模型

超效率 SBM 模型仅能比较同期不同决策单元的治理效率，而 ML 指数可以揭示包含非期望产出时的效率变化和差异分析（Ying & Chao，2022）。ML 指数可以分解为技术进步（technical progress，TC）和技术效率（technical efficiency，TE）两部分，后者又可进一步分解为规模效率（scale efficiency，SE）和纯技术效率（pure technical efficiency，PTE）。

首先，假设规模报酬不变（CRS），则 t 期到 $t+1$ 期大气污染治理效率的变化可用 Malmquist 指数（tfpch）测度：

$$\text{tfpch} = \sqrt{\frac{D^t(x_{t+1}, y_{t+1}, b_{t+1})}{D^t(x_t, y_t, b_t)} \times \frac{D^{t+1}(x_{t+1}, y_{t+1}, b_{t+1})}{D^{t+1}(x_t, y_t, b_t)}} \qquad (3-3)$$

基于 Malmquist 指数分解思想，tfpch 可分解为技术进步指数（techch）和技术效率指数（effch）：

$$\text{tfpch} = \text{techch} \times \text{effch} \qquad (3-4)$$

$$\text{techch} = \sqrt{\frac{D^t(x_t, y_t, b_t)}{D^{t+1}(x_t, y_t, b_t)} \times \frac{D^t(x_{t+1}, y_{t+1}, b_{t+1})}{D^{t+1}(x_{t+1}, y_{t+1}, b_{t+1})}} \qquad (3-5)$$

$$\text{effch} = \frac{D^{t+1}(x_{t+1}, y_{t+1}, b_{t+1})}{D^t(x_t, y_t, b_t)} \qquad (3-6)$$

其中，techch 表示 t 期到 $t+1$ 期的技术进步水平，其值大于 1，代表生产可能性边界向外扩张（技术进步）。effch 表示 t 期到 $t+1$ 期的技术效率变化，其值大于 1，代表技术效率提升。

若假定规模报酬可变（VRS），还可进一步分解。主流分解方法包括 FGNZ（Fare et al.，1994）和 RD（Ray & Desli，1997）两种。以

FGNZ 为例，effch 可分解为纯效率变化（pech）和规模效率变化（sech）两部分：

$$\text{effch} = \text{pech} \times \text{sech} \qquad (3-7)$$

$$\text{pech} = \frac{D_V^{t+1}(x_{t+1}, y_{t+1}, b_{t+1})}{D_V^{t+1}(x_t, y_t, b_t)} \qquad (3-8)$$

$$\text{sech} = \frac{D_C^{t+1}(x_{t+1}, y_{t+1}, b_{t+1})/D_V^{t+1}(x_{t+1}, y_{t+1}, b_{t+1})}{D_C^{t+1}(x_t, y_t, b_t)/D_V^{t+1}(x_t, y_t, b_t)} \qquad (3-9)$$

其中，pech 表示纯效率变化，其值大于 1，代表技术、制度和管理创新带来的效率提升。sech 表示规模效率变化，其值大于 1，代表存在规模经济时规模扩张带来的效率提升。

因此，tfpch 的 FGNZ 分解综合形式可表示如下：

$$
\begin{aligned}
\text{tfpch} &= \text{techch} \times \text{pech} \times \text{sech} \\
&= \sqrt{\frac{D_C^t(x_t, y_t, b_t)}{D_C^{t+1}(x_t, y_t, b_t)} \times \frac{D_C^t(x_{t+1}, y_{t+1}, b_{t+1})}{D_C^{t+1}(x_{t+1}, y_{t+1}, b_{t+1})}} \\
&\quad \times \frac{D_V^{t+1}(x_{t+1}, y_{t+1}, b_{t+1})}{D_V^{t+1}(x_t, y_t, b_t)} \\
&\quad \times \frac{D_C^{t+1}(x_{t+1}, y_{t+1}, b_{t+1})/D_V^{t+1}(x_{t+1}, y_{t+1}, b_{t+1})}{D_C^{t+1}(x_t, y_t, b_t)/D_V^{t+1}(x_t, y_t, b_t)} \qquad (3-10)
\end{aligned}
$$

FGNZ 分解法承认技术变动是 VRS 的，但在分解时采用的是 CRS 假设，这不得不说是一个缺陷。RD 分解法突破了这一局限，采用如下分解公式：

$$
\begin{aligned}
\text{tfpch} &= \text{ptechch} \times \text{pech} \times \text{sch} \\
&= \sqrt{\frac{D_V^t(x_t, y_t, b_t)}{D_V^{t+1}(x_t, y_t, b_t)} \times \frac{D_V^t(x_{t+1}, y_{t+1}, b_{t+1})}{D_V^{t+1}(x_{t+1}, y_{t+1}, b_{t+1})}} \\
&\quad \times \frac{D_V^{t+1}(x_{t+1}, y_{t+1}, b_{t+1})}{D_V^{t+1}(x_t, y_t, b_t)}
\end{aligned}
$$

$$\times \sqrt{\frac{D_C^t(x_{t+1},y_{t+1},b_{t+1})/D_V^t(x_{t+1},y_{t+1},b_{t+1})}{D_C^t(x_t,y_t,b_t)/D_V^t(x_t,y_t,b_t)}} \tag{3-11}$$
$$\times \frac{D_C^{t+1}(x_{t+1},y_{t+1},b_{t+1})/D_V^{t+1}(x_{t+1},y_{t+1},b_{t+1})}{D_C^{t+1}(x_t,y_t,b_t)/D_V^{t+1}(x_t,y_t,b_t)}$$

综上，本节基于 RD 分解法估算制造业子行业的技术变化、效率变化和规模变化。

3.3.1.3 指标描述

借鉴安等（An et al.，2024）的做法，兼顾数据可得性与完整性，选择制造业子行业"工业废气治理设施数""工业废气治理设施处理能力""工业废气治理设施本年运行费用"为投入变量，以"工业利润总额"为期望产出，以"工业二氧化硫排放量""工业氮氧化物排放量""工业颗粒物排放量"为非期望产出，测算制造业 29 个子行业大气污染治理效率，具体如表 3 - 2 所示。数据来源于《中国环境统计年鉴》和《中国统计年鉴》，由于部分指标统计始于 2011 年，故选择测算区间为 2011 ~ 2021 年。

表 3 - 2　　　　　　　　大气污染治理效率投入产出指标

变量	指标	单位
投入变量	工业废气治理设施数	套
	工业废气治理设施处理能力	万立方米/时
	工业废气治理设施本年运行费用	万元
期望产出	工业利润总额	亿元
非期望产出	工业二氧化硫排放量	吨
	工业氮氧化物排放量	吨
	工业颗粒物排放量	吨

3.3.2 测算结果

3.3.2.1 29 个细分子行业大气污染治理效率

如表 3 – 3 所示，2011～2021 年，制造业大气污染治理效率变化（tfpch）总体均值为 1.004，表明治理效率略有增长。由于政策、技术、生产工艺等方面的相似性，29 个子行业的治理效率变化差异并不大。就 tfpch 而言，有 14 个子行业（编码分别为 15、20、21、24、25、26、28、29、30、32、33、34、35、36）的值小于 1，意味着这些子行业可能存在生产率下降、技术退步、资源配置效率降低、管理效率下降、规模效应递减或外部不利因素影响，导致治理效率退步。在均值层面，增长趋势最为显著的是技术进步（ptechch），表明制造业大气污染治理效率的进步主要源于技术进步。

表 3 – 3　　2011～2021 年制造业子行业大气污染治理效率

子行业编码	ptechch	pech	sch	tfpch
13	0.905	1.121	1.018	1.024
14	0.950	1.065	1.010	1.017
15	0.892	1.040	1.004	0.927
17	1.101	0.917	1.005	1.010
18	1.049	0.953	1.003	1.002
19	1.064	0.972	1.009	1.041
20	0.987	1.009	0.999	0.993
21	1.010	0.995	0.995	0.999
22	0.990	1.075	0.979	1.022
23	0.851	1.200	1.055	1.050
24	0.947	1.023	1.004	0.969

续表

子行业编码	ptechch	pech	sch	tfpch
25	0.945	1.047	1.021	0.965
26	1.015	1.009	0.990	0.983
27	0.942	1.061	1.014	1.003
28	0.947	0.975	1.023	0.925
29	1.246	0.798	0.991	0.962
30	1.056	0.914	1.010	0.945
31	1.110	0.978	1.001	1.055
32	1.025	0.947	0.984	0.952
33	0.993	0.966	1.022	0.977
34	0.923	1.050	0.981	0.928
35	0.920	1.076	1.012	0.966
36	0.985	1.028	0.987	0.993
37	0.978	1.059	0.995	1.027
38	1.080	1.015	0.987	1.024
39	0.984	1.158	1.001	1.086
40	1.224	0.901	1.005	1.104
41	1.236	0.968	0.961	1.110
42	1.242	1.051	0.954	1.058
均值	1.021	1.013	1.001	1.004

3.3.2.2 主要年份大气污染治理效率对比

选择三个代表性样本区间（2011～2012 年、2015～2016 年、2020～2021 年）以及总样本区间，绘制效率雷达图并进行对比。如图 3-8 所示，2011～2021 年，全要素生产率（tfpch）和技术变动（ptechch）均呈上升趋势，而效率变动（pech）和规模变动（sch）则呈下滑趋势。可见，全要素生产率的提升主要源于技术进步。分区间测算的结果与整个样本区间的结果是一致的。

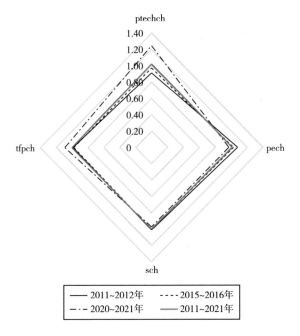

图 3 - 8　代表性年份制造业大气污染治理效率对比

3.3.2.3　主要行业大气污染治理效率对比

为对比子行业治理效率，图 3 - 9 以制造业大气污染治理效率（tfpch）排名前 10 的子行业为例，绘制了 2011 ~ 2021 年治理效率变化雷达图。由图 3 - 9 得到两点有趣的发现：其一，研究期内这些子行业的效率变动（pech）明显较高，意味着它们的大气污染治理效率之所以表现突出主要源于效率提升，而非技术进步。其二，排名前 10 的样本中，子行业 13 和 22 属于大气污染（二氧化硫）高排放组，子行业14、15 和 23 属于中排放组，而其余 5 个子行业均来自低排放组（占比达 50%）。这意味着相对而言，低排放组的子行业拥有较高的治理效率。但要回答为何上述子行业的污染减排效果优于其他行业，还需要进一步挖掘。

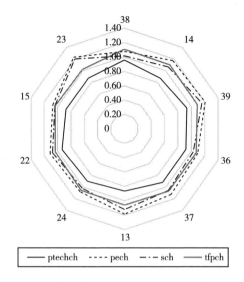

图 3 - 9　代表性子行业大气污染治理效率对比

3.3.3　效率贡献分解

为进一步探明制造业子行业大气污染治理效率的贡献因素，本节分别从技术和要素两个角度进行分解。

3.3.3.1　技术视角

由表 3 - 4 可知，在制造业子行业大气污染治理效率变化中，技术变动、效率变动和规模变动分别贡献了 45.074%、30.847% 和 24.079%。这也印证了前面关于治理效率变化主要源于技术进步的观点。

表 3 - 4　　　　　　　　技术角度（R&D，三分法）效率分解

子行业	技术贡献（%）	效率贡献（%）	规模贡献（%）
13	40.322	16.832	42.846
14	46.277	18.327	35.396
15	53.626	6.253	40.121

续表

子行业	技术贡献（%）	效率贡献（%）	规模贡献（%）
17	73.382	19.811	6.808
18	13.094	32.296	54.610
19	63.354	11.418	25.228
20	21.712	4.501	73.788
21	11.554	46.397	42.049
22	67.722	25.873	6.406
23	55.112	19.054	25.834
24	89.525	1.055	9.420
25	65.991	25.039	8.969
26	3.777	76.932	19.290
27	64.089	18.347	17.564
28	6.821	67.733	25.446
29	45.276	50.091	4.634
30	60.450	16.362	23.188
31	81.808	12.745	5.447
32	61.900	25.487	12.613
33	73.296	7.678	19.026
34	35.457	47.003	17.540
35	13.818	56.014	30.168
36	58.717	25.539	15.744
37	11.218	14.534	74.248
38	21.434	78.399	0.167
39	37.040	31.113	31.848
40	4.399	72.099	23.503
41	56.953	39.090	3.957
42	69.030	28.530	2.440
行业均值	45.074	30.847	24.079

3.3.3.2 要素视角

如表 3 - 5 所示，在规模报酬可变假设下，制造业大气污染治理效率变化贡献因素中，投入、期望产出和非期望产出占比分别为 22.19%、1.14% 和 76.67%。可见，减小非期望产出是提升大气污染治理效率的主要途径。

表 3 - 5　　　　　　　　要素角度（VRS）效率分解

要素	投入	期望产出	非期望产出	合计
松弛量	1628.29	83.67	5627.15	7339.10
贡献（%）	22.19	1.14	76.67	100.00

3.4　本章小结

本章首先从行业总体和细分子行业两个尺度概述了制造业大气污染排放特征，比较分析了大气污染治理的宏观政策供给和中观行业治理投入情况。在此基础上，运用考虑非期望产出的超效率 SBM 模型，测算制造业 29 个细分子行业的大气污染治理效率变化，明确 2011～2021 年治理效率进步的主要来源。进一步从技术和要素两个视角进行贡献度分解，指出了制造业大气污染治理效率变化的贡献因素。

需要说明的是，本章主要是从制造业（子）行业尺度分析大气污染治理现状，旨在向读者呈现制造业大气污染治理的整体画像。第 4 章将着重从企业层面展开实证研究，以深入揭示大气污染治理路径依赖的微观机制。

| 第 4 章 |

制造业大气污染治理路径依赖效应

第 3 章定量描述了制造业大气污染排放的典型特征、治理投入与治理效率等情况，呈现了行业层面的基本规律。在此基础上，本章将以制造业上市公司为样本，定量测度大气污染治理的路径依赖水平，检验路径依赖变量对大气污染排放的效应及异质性，回答第 1 章关于制造业大气污染治理中路径依赖究竟是"蜜糖"还是"砒霜"的问题。

4.1 基于文本分析的路径依赖测度

前文提到，路径依赖是指一个系统的当前状态受到其历史发展路径的影响，这种现象在很多领域都有体现，如经济、技术、社会制度等。不过，路径依赖水平较难量化，传统的指标体系法、定性描述法以及 DID 法等无法准确评估其实质水平，而基于文本分析的词典法具有简单直观、解释性强以及可以捕捉词汇的情感和语义信息等优势，尤为适合定量描述这类经济社会现象。结合文献研究，本节采用词典法，从技术、制度和管理三个维度，评估制造业大气污染治理的路径依赖水平。

4.1.1 路径依赖测度方法

基于文本分析的词典法测度路径依赖过程如下：第一步，借助政策分析和文献研究确定与技术、制度和管理相关的词汇，创建关键词词典。第二步，获取制造业上市公司年报①，先用部分样本词汇测试，再借助 Python 的 Jieba 中文分词功能进行分词，并统计上述词汇在年报中出现的频次，筛选得到频率大于等于 5 次的相关词汇（见表 4-1）。第三步，进行文本分析，正式统计词频，将表 4-1 中技术类关键词频次加总即可得到当年的技术依赖水平，制度依赖和管理依赖与此类似。频数越大，表明企业在大气污染治理中的技术、制度或管理依赖程度越高。值得一提的是，表 4-1 中的"依赖"词汇是中性的（即无褒贬之分），既可能是对当前模式的强化，也可能是对新路径的引入，最终反映的是企业污染治理中对某种技术（或制度、管理）路径的重视程度。

表 4-1 关键词提取

变量	关键词集
技术依赖	技术，数字化，创新，转型，变革，改造，水平，突破，效应，新兴，知识，信息，高新，核心，衍生，生态，投入，升级，引进，合作，转让，咨询，服务，支持，维护，推广，先进，自动化，互联网，优化

---

① 资料来源：巨潮资讯网，http://www.cninfo.com.cn/new/index。

续表

变量	关键词集
制度依赖	制度，规范，监督，运行，竞争，规章，优势，因素，执行，基础，安排，建设，信用，激励，保护，绿色，监管，委托，政策，法规，规定，程序，批准，内部，治理，披露，审计，准则，文化
管理依赖	管理，效率，体系，控制，培训，风险，标准，环境，市场，系统，质量，重组，模式，方式，绩效，参与，人员，预期，体制，价值，战略，安全，成本，行政，补贴，组织，目标，资源，防治，环保

4.1.2 路径依赖特征比较

考虑到本章实证研究所需数据的可得性和统计口径一致性，选择 2009~2021 年为制造业大气污染治理路径依赖分析的样本期间。

4.1.2.1 路径依赖时变特征

如图 4-1 所示，研究期内，制造业大气污染治理的三种路径依赖水平均呈增长趋势。"十二五"以来，中国经济发展进入新阶段，制造业面临的环保压力增大，产业结构调整和升级加快，国际社会对环境保护的关注不断提高，一些严重的大气污染事件引起公众和政策制定者的重视，诸如此类的因素均导致技术、制度和管理依赖水平的普遍上升。相较于技术依赖和制度依赖的缓慢增加，管理依赖程度在 2016 年后有明显上升。出现这种现象的原因可能是多方面的：其一，ISO 14001 等环境管理体系在制造业的推广和应用日益广泛，客观上要求企业建立和实施更严格的环境管理制度；其二，政府不断加大对环境信息披露的要求，企业需要加强管理来收集、处理和报告环境数据；其三，信息技术和管理工具的发展使得企业能够更有效地进行环境管理，从而提高了管理依赖程度；其四，消费者和投资者对环保的关注可能增加了企业对环保管理的依赖，以提高品牌形象和市场竞争力。当然，也不排除企业在治理技术和制度层面遭遇了瓶颈，转而向管理模式要效率。特别值得一提的是，2016 年及之后国内发布了一系列与管理理论相关的重要文件和论述，包括习近平总书记 2016 年 5 月关于加快构建中国特色哲学社会科学的重要讲话、2019 年 11 月《人民日报》关于创新发展中国特色企业管理学的文章等，无不促使社会各界不断强化中国式企业管理实践，使得管理类词汇在企业年报中频频出现，进而使管理依赖持续攀升。

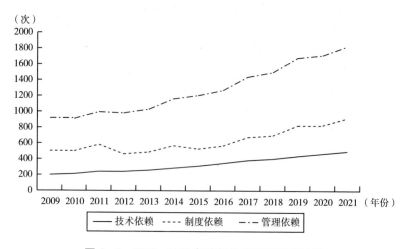

图 4 - 1　2009 ~ 2021 年路径依赖时间演变规律

4.1.2.2　路径依赖子行业差异

图 4 - 2 ~ 图 4 - 4 分别描绘了制造业 29 个细分子行业的技术依赖、制度依赖与管理依赖特征。如图 4 - 2 所示，从均值来看，研究期内技术依赖程度最大的是子行业 40（仪器仪表制造业）、最小的是子行业 28（化学纤维制造业）。仪器仪表制造业的技术依赖度较大容易理解：首先，仪器仪表制造业属于技术密集型行业，其产品往往涉及精密仪器和复杂的技术系统，因此对技术的依赖程度自然较高；其次，该行业需要持续进行较高的研发投入，以保持其在市场上的竞争力和技术领先地位；再次，仪器仪表制造业的产品更新换代速度较快，需要不断采用新

技术以满足市场需求；最后，仪器仪表制造业需要遵循严格的技术标准和行业认证，这也增加了对技术的依赖。相对地，化学纤维制造业可能更偏向于资本和资源密集型，其生产过程更多依赖于原材料、能源和大规模生产设备；同时，该行业的产品更注重成本控制和规模化生产，而不是频繁的产品创新；不仅如此，由于化学纤维制造业在生产过程中可能产生较大的环境污染，因此可能面临更严格的环保法规，这可能导致企业在技术选择上更加谨慎，倾向于使用经过验证的成熟技术。

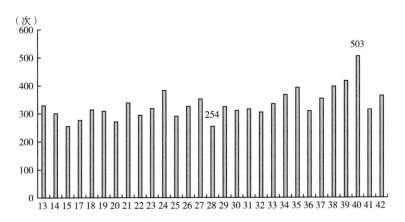

图 4-2　制造业 29 个细分子行业技术依赖对比

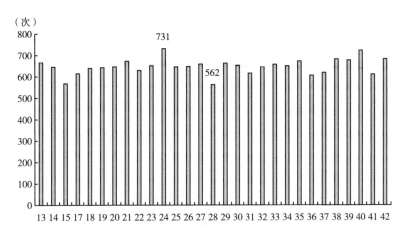

图 4-3　制造业 29 个细分子行业制度依赖对比

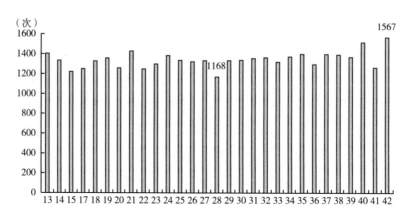

图 4 - 4　制造业 29 个细分子行业管理依赖对比

由图 4 - 3 可知，29 个细分子行业的制度依赖水平较为接近，这是因为所有制造业子行业都受到统一的环保政策和法规的影响，这使得它们在制度依赖水平上趋于一致；同时，随着国家对于环保和工业生产标准的统一制定，各行业在遵守制度规定方面可能表现出相似的行为模式。在全部子行业中，制度依赖最高、最低者分别对应于子行业 24（文教、工美、体育和娱乐用品制造业）和 28（化学纤维制造业）。针对前者，首先，文教、工美、体育和娱乐用品制造业的产品与消费者健康和公共安全紧密相关，因此相对受到更严格的行业规范和标准约束；其次，这些行业往往更加注重社会责任和公共形象，因此在遵守环保和社会责任相关制度方面表现出更高的依赖水平；最后，政府可能对这些行业有特殊的政策导向或支持，比如鼓励绿色发展、创新和文化产业，从而使得这些行业在制度遵循上更为积极。至于后者，首先，化学纤维制造业的生产过程通常较为封闭和自动化，从而在制度方面有一定的自主性和灵活性；其次，该行业可能面临较大的成本压力，导致企业在制度遵循上寻求成本效益平衡，从而表现出较低的依赖水平。

由图 4 - 4 可知，制造业 29 个细分子行业的管理依赖水平分布比较均衡。一方面，所有制造业子行业都面临着提高效率、降低成本、保证质量和遵守法规等普遍的管理要求，可能导致管理依赖水平整体差异不大；另一方面，管理理念和工具的普及使得各行业在管理实践上趋于标准化，因而管理依赖水平比较接近。分子行业来看，管理依赖度最高和最低的分别为 42（废弃资源综合利用业）和 28（化学纤维制造业）。废弃资源综合利用业的管理依赖程度之所以很高，原因可能在于：第一，废弃资源综合利用业涉及大量的环保法规和标准，因此对管理层面的依赖较高，以确保合规。第二，废弃资源的处理和综合利用涉及复杂的管理流程，包括资源收集、分拣、处理和再利用等，这要求高度的管理协调和监控。第三，该行业可能受到更多的社会责任和公众关注，因此需要通过有效的管理来维护企业形象和公众信任。再来看化学纤维制造业，高度自动化的生产过程减少了对传统人力资源管理的依赖，加上成熟的生产模式和流程，从而减少了管理上的依赖；同时，较大的成本压力可能促使该行业更注重成本控制而非增加管理成本。

化学纤维制造业在三种路径依赖上均最低，这一现象主要源于其资本与资源密集型的特性，但也可能意味着该行业在技术创新方面的动力不足，或监管环境相对宽松，或管理上具有较高的效率，具体对大气污染治理有何影响仍有待进一步考察。

4.2 研究设计

4.2.1 数据来源与变量选择

4.2.1.1 数据来源

本节以中国制造业 1884 家上市公司为研究样本，包含 2009～2021

年共 19428 个观测值。其中，污染数据来自中国工业企业污染数据库，财务数据来自国泰安（CSMAR）数据库和万得（WIND）数据库，路径依赖数据以关键词提取的办法对上市公司年报进行文本挖掘而得。根据中国工业企业污染数据库中的企业组织机构代码与上市公司数据中的证券代码进行匹配，将污染数据与财务、路径依赖数据合并，剔除 ST、*ST、PT、退市企业以及核心变量缺失的企业样本，最终保留制造业两位码在 13~42（不含 16）的 29 个子行业上市公司样本。部分缺失数据以均值法补充。为使数据序列更平稳，并削弱共线性和异方差性的影响，对被解释变量和核心解释变量作对数化处理。

4.2.1.2 变量选择

（1）被解释变量。

二氧化硫排放（$lnso_2$）。借鉴已有研究（孙博文和郑世林，2024），以"制造业上市公司二氧化硫排放量的对数值"表征大气污染排放水平，并选择氮氧化物排放量对数值（$lnno_x$）、颗粒物排放量对数值（$lnsodu$）和空气污染综合当量对数值（$lncape$）作为被解释变量的替代变量，进行稳健性检验。相关数据来源于中国工业企业污染数据库。

（2）解释变量。

核心解释变量为路径依赖，包括技术依赖（$lntech\_d$）、制度依赖（$lninst\_d$）和管理依赖（$lnmana\_d$）。基于词典法构造路径依赖变量（金星晔等，2024），具体方法已在第 4.1 节中介绍，此处不再赘述。

（3）控制变量。

为排除其他因素的干扰以重点考察核心解释变量的影响，同时尽可能降低遗漏变量的可能性，借鉴贝拉乌尼亚等（Belaounia et al.，2024）的研究，在模型中控制以下变量：①托宾 Q 值（$tobin$），以"企业价值/资产重置成本"估算；②账面市值比（*mbratio*），以"账面价值/市值"予以反映；③是否披露内控评价报告（披露为 1，未披露为 0）（*isdis_Eva*）；④是否披露内部审计报告（披露为 1，未披露为 0）（*isdis_Audit*）；⑤有海外背景的董事数量（*overseas*）；⑥两权分离度（*seperation*）（%），以"所有权比例/控制权比例"来衡量。

4.2.1.3 变量描述性统计

相关变量描述性统计结果如表 4-2 所示。

表 4-2 基准回归模型变量描述性统计

变量	样本量	最小值	最大值	均值	标准差
$lnso_2$	19428	6.563	7.432	7.050	0.251
$lnno_x$	19428	6.698	7.911	7.432	0.262
lnsodu	19428	7.139	8.343	7.868	0.261
lncape	19428	0.137	0.160	0.151	0.005
lntech_d	19428	0.000	7.624	5.708	0.729
lninst_d	19428	0.000	7.688	6.377	0.707
lnmana_d	19428	0.000	8.351	7.101	0.759
tobin	19428	0.000	126.952	2.261	2.921
mbratio	19428	0.000	1.463	0.566	0.256
isdis_Eva	19428	0.000	1.000	0.929	0.257
isdis_Audit	19428	0.000	1.000	0.678	0.467
overseas	19428	0.000	9.000	0.746	1.097
seperation	19428	0.000	60.323	5.236	7.870

4.2.2 模型构建与选择

为考察路径依赖对大气污染排放的影响，基于制造业上市公司微观数据，构建面板固定效应模型如下：

$$\ln so_{2it} = \alpha_1 + \beta_{11} \ln dep_{it} + \beta_{12} \ln dep_{it}^2 + \sum_{i=1}^{n} \gamma_{it} X_{it} + \mu_i + \delta_t + \varepsilon_{it}$$

$$(4-1)$$

其中，被解释变量（$\ln so_{2it}$）代表大气污染排放量，以制造业上市公司二氧化硫排放量对数值予以反映；核心解释变量（$\ln dep_{it}$）表示路径依赖，包含技术依赖（$\ln tech\_d$）、制度依赖（$\ln inst\_d$）和管理依赖（$\ln mana\_d$）三种形式，考虑到路径依赖对大气污染排放的影响可能是非线性的，模型中还包含解释变量的平方项 $\ln dep_{it}^2$，系数 β_{11} 和 β_{12} 分别代表路径依赖及其平方项对大气污染排放的影响程度；α 为常数项；控制变量 X_{it} 包括托宾 Q 值（$tobin$）、账面市值比（$mbratio$）、是否披露内控评价报告（$isdis\_Eva$）、是否披露内部审计报告（$isdis\_Audit$）、有海外背景的董事数量（$overseas$）以及两权分离度（$seperation$），系数 γ_{it} 为控制变量对被解释变量的回归系数；μ_i 和 δ_t 分别代表企业固定效应和年份固定效应；ε_{it} 为随机误差项。

前文理论分析表明，路径依赖变量之间可能会相互交叉，共同作用于大气污染排放，形成多重路径依赖现象。为此，构建如下面板回归模型检验大气污染治理中是否存在多重路径依赖效应：

$$\ln so_{2it} = \alpha_2 + \beta_{21} interac_{it} + \beta_{22} interac_{it}^2 + \sum_{i=1}^{n} \omega_{it} X_{it} + \mu_i + \delta_t + \varepsilon_{it}$$

$$(4-2)$$

其中，$interac_{it}$ 表示路径依赖变量的交互项，可能是双重依赖，例如技术依赖与制度依赖交互项（ti_{it}）、技术依赖与管理依赖交互项（tm_{it}）、制度依赖与管理依赖交互项（im_{it}）；也可能是三重依赖，即技术、制度与管理共同交互项（tim_{it}）。$interac_{it}^2$ 为对应于上述多重依赖变量的平方项。

ω_{it} 为模型（4-2）中控制变量对被解释变量的回归系数。其余符号的内涵同模型（4-1）。

回归分析之前需要先检验模型中解释变量间是否存在多重共线性问题。方差膨胀因子（VIF）分析结果显示，各变量 VIF 值均小于 5，表明不存在严重的共线性问题。另外，结合 F 检验和 Hausman 检验的结果可知，应当建立时间与个体双固定效应模型进行回归。

4.3 基准回归

4.3.1 单一路径依赖效应

为考察路径依赖对制造业上市公司大气污染排放的影响，分别以技术依赖、制度依赖和管理依赖为核心解释变量，利用模型（4-1）进行回归，结果列于表 4-3。由表 4-3 列（1）可知，技术依赖（$lntech\_d$）对被解释变量（$lnso_2$）的影响显著为负，表明制造业大气污染治理中存在显著的技术依赖减排效应。同时，技术依赖的平方项（$lntech\_d^2$）回归系数显著为正，表明其对制造业二氧化硫排放量的作用呈"U"形曲线特征，且当前位于曲线的左半部。意味着短期内技术依赖可以促进大气污染减排，但若过度依赖某项技术手段进行污染治理，一旦越过"U"形曲线底部的拐点，技术依赖度的上升将明显加剧污染排放，验证了假说 H1a。列（2）~列（3）分别描述了制度依赖（$lninst\_d$）及其平方项（$lninst\_d^2$）、管理依赖（$lnmana\_d$）及其平方项（$lnmana\_d^2$）的回归系数，可以看到，与技术依赖类似，它们的系数也都通过了 1% 水平上的显著性检验，且一次项与二次项的系数符号均为一负一正，表明制度依赖、管理依赖对企业污染排放也存在显著的非线性影响。假设H1b、H1c得到验证。技术、制度和管理依赖对大气污染排放的先负后正的作用，恰似由"蜜糖"转为"砒霜"的变化，表明路径依赖对环境污染的影响并非单纯的"好"或"不好"，而要视路径依赖所处的阶段来定，即适当的路径依赖（位于"U"型曲线的左侧），可发挥减排作用（如同"蜜糖"）；若过度依赖（位于右侧），则可能加剧污染排放（类似"砒霜"）。

表 4 – 3 　　　　　　　　　　基准回归结果汇总

变量	(1)	(2)	(3)
$lntech\_d$	-0.5159^{***} (0.0207)		
$lntech\_d^2$	0.0857^{***} (0.0021)		
$lninst\_d$		-0.5835^{***} (0.0190)	
$lninst\_d^2$		0.0853^{***} (0.0017)	
$lnmana\_d$			-0.6990^{***} (0.0172)
$lnmana\_d^2$			0.0940^{***} (0.0016)
$tobin$	0.0008 (0.0007)	0.0003 (0.0008)	0.0001 (0.0006)
$mbratio$	-0.0066 (0.0099)	-0.0050 (0.0107)	-0.0195^{**} (0.0090)
$isdis\_Eva$	0.1350^{***} (0.0076)	0.1835^{***} (0.0084)	0.1135^{***} (0.0073)
$isdis\_Audit$	0.0486^{***} (0.0042)	0.0621^{***} (0.0049)	0.0380^{***} (0.0038)

续表

变量	（1）	（2）	（3）
overseas	0.0063 * （0.0034）	0.0134 *** （0.0038）	0.0052 （0.0030）
seperation	− 0.0012 ** （0.0005）	− 0.0013 *** （0.0005）	− 0.0011 *** （0.0004）

注：括号中为稳健标准误，*、** 和 *** 分别表示在 10%、5% 和 1% 的水平上显著。

就控制变量而言，除了托宾 Q 值和账面市值比以外，其余控制变量对被解释变量的影响均通过了显著性检验。具体来看，是否披露内部控制评价报告和内部审计报告以及拥有海外经历董事数量这三个变量的回归系数均为正，可能的原因是尽管选择披露上述报告或者拥有更多具备海外经历的董事，但这些公司可能并未十分关注环境表现或环境责任，导致污染排放量较高。另外，两权分离度的回归系数为负，表明当公司的所有权和管理权分离程度较高时，大气污染排放量会降低。这可能是因为所有权和管理权的分离引入了更多的监督和问责机制，从而促进了环保行为。

4.3.2　多重路径依赖效应

接下来，利用模型（4 - 2）检验制造业大气污染治理中是否存在多重路径依赖现象，回归结果如表 4 - 4 所示。由表 4 - 4 中列（1）可知，类似于单一路径依赖效应，技术/制度双重依赖（*ti*）对大气污染排放也具有显著的非线性作用，呈 "U" 形曲线特征，即随着双重依赖度的提升，大气污染排放 "先减后增"。这意味着在初始阶段，随着技术/制度双重依赖的增强，大气污染排放量会先减少，显示出污染治理的正向效果。然而，当这种组合依赖度超过某个阈值，其平方项的影响开始显现，导致大气污染排放量增加，暗示了组合依赖过度反而会加剧污染这一机理。表中列（2）~ 列（3）为技术/管理双重依赖（*tm*）、制度/管理双重依赖（*im*）的回归结果，可以看到，在双重依赖下解释变量的系数符号与显著性都是类似的。这一发现揭示了制造业上市公司在实施大气污染治理过程中可能存在的路径依赖问题。即，企业可能在技术、制度和管理上过分依赖某些方法或策略，而这些方法或策略在初期或许取得了一定成效，但随着时间的推移和条件的变化，这种过度的依赖反而限制了企业采取更有效或更创新的污染控制措施，导致了污染排放的增加。验证了假设 H1d。至于表 4 - 4 中列（4）的三重依赖项（*tim*），尽管回归系数仍然在 1% 的水平上显著，但对大气污染排放的影响力度相对于双重依赖要小很多，表明三种路径依赖的交互并非简单的线性叠加，而是可能存在互相抵消的效果，导致额外的路径依赖带来的边际效应较小。此外，三重依赖的交互作用比双重依赖更为复杂，这也增加了路径依赖效应的不确定性和动态性。

表 4 - 4 　　　　　　　　　　多重依赖回归结果汇总

变量	（1）	（2）	（3）	（4）
ti	-0.0442^{***} (0.0028)			
ti^2	0.0012^{***} (0.0000)			
tm		-0.0437^{***} (0.0026)		
tm^2		0.0011^{***} (0.0000)		
im			-0.0515^{***} (0.0023)	
im^2			0.0010^{***} (0.0000)	
tim				-0.0031^{***} (0.0004)

续表

变量	（1）	（2）	（3）	（4）
tim^2				0.0001 ***
				（0.0000）
控制变量	Yes	Yes	Yes	Yes
N	19428	19428	19428	19428
R^2	0.3535	0.3796	0.4123	0.3776
F 统计量	894.62	927.72	1350.49	837.59

注：括号中为稳健标准误，*、** 和 *** 分别表示在 10%、5% 和 1% 的水平上显著。

4.4　稳健性检验

为检验基准回归结论的可靠性，本节分别利用替换变量、处理异常值、分样本回归以及内生性处理等方法进行稳健性检验。

4.4.1　替换被解释变量

前面以二氧化硫排放量对数值度量制造业大气污染排放水平，为检验结论的稳健性，分别以氮氧化物排放量对数值（$lnno_x$）、颗粒物排放量对数值（$lnsodu$）和空气污染综合当量对数（$lncape$）作为被解释变量的替代变量，再次利用模型（4-1）进行回归，结果列于附表2~附表4。

4.4.2　缩尾异常值或极端值

考虑到变量可能存在异常值或极端值而导致估计偏误，采用

Winsorize 缩尾方法检验结果对极端值的敏感性，具体做法是以较宽松的阈值（如5%和95%）来代替极端值，再按照固定效应回归方法重新回归，结果见附表5。

4.4.3　分样本回归

制造业不同子行业大气污染排放水平存在差异，是否由此导致总样本路径依赖效应的强化或相互抵消，还需要进一步检验。根据样本企业二氧化硫排放量（对数值）将全部企业分为三组：高排放组，包括排放量位于前10名的7718个上市企业；中排放组，包括排放量居于第11～20位的3521个上市企业；低排放组，包括其余9个子行业的8189个上市企业（见附表6）。利用模型（4－1）进行分组回归，结果见附表7。总体来看，包括化学纤维制造业在内的中排放组的路径依赖回归系数（绝对值）最大，意味着同等条件下这些行业依靠三种路径依赖进行污染治理的边际效应最大，即使低水平的路径依赖也可产生较好的治理效果，这也从侧面阐释了前文提及的化学纤维制造业大气污染排放并不严重同时路径依赖程度也较低的现象。

4.4.4　考虑内生性问题

样本选择偏误、遗漏变量、双向因果等问题均可导致内生性。关于前两个因素，样本涵盖了制造业29个二位码子行业1884家上市企业，样本量充分，可以认为不存在选择偏误；在增加了总资产净利润率、净资产收益率、赫芬达尔指数等控制变量后，所得结论并无显著变化。针对双向因果，采用二阶段工具变量回归进行检验。工具变量的构造方法很多，出于简洁性和数据可得性考虑，选择将核心解释变量滞后一期纳入模型的方法来降低内生性的影响。检验结果见附表8。

上述稳健性检验结果与基准回归基本一致，验证了前文结论的可靠性与稳健性。

4.5 异质性检验

4.5.1 企业性质

国有控股企业在创新活力、资源获取等方面与非国有控股企业存在明显差异，可能在一定程度上影响大气污染治理的路径依赖效应。为此，将样本按照是否为国有控股（国有控股为1，非国有控股为0）划分为两组，利用模型（4-1）分别回归，结果列于表4-5。

表4-5 企业性质异质性检验

变量	(1)		(2)		(3)	
	国有	非国有	国有	非国有	国有	非国有
ln$tech\_d$	−0.4709 *** (0.0308)	−0.5286 *** (0.0234)				
ln$tech\_d^2$	0.0813 *** (0.0032)	0.0856 *** (0.0024)				
ln$inst\_d$			−0.5100 *** (0.0267)	−0.6005 *** (0.0214)		
ln$inst\_d^2$			0.0772 *** (0.0028)	0.0857 *** (0.0019)		
ln$mana\_d$					−0.6330 *** (0.0270)	−0.7161 *** (0.0195)

续表

变量	(1)		(2)		(3)	
	国有	非国有	国有	非国有	国有	非国有
$lnmana\_d^2$					0.0872 *** (0.0028)	0.0948 *** (0.0018)
控制变量	Yes	Yes	Yes	Yes	Yes	Yes
N	6761	12667	6761	12667	6761	12667
R^2	0.3729	0.2775	0.4094	0.2937	0.4896	0.4397
F 统计量	478.84	447.23	450.90	654.29	444.13	627.57

注：括号中为稳健标准误，＊、＊＊和＊＊＊分别表示在10%、5%和1%的水平上显著。

可以看出：（1）从影响方向来看，分组回归的结果与全样本一致（即，路径依赖变量系数显著为负、二次项显著为正，下同），表明初期技术、制度和管理依赖的提高能够有效减少污染排放，但当路径依赖达到阈值后，可能由于缺乏进一步创新和改进，导致污染排放量增加。（2）从影响强度来看，非国有组路径依赖的回归系数（绝对值）普遍高于国有组，可能的原因有：一是创新动力差异，表现在非国有企业可能更具有创新动力和灵活性，能够更快地采用新技术和管理方法来减少污染。因此，随着依赖程度的增加，非国有企业的污染减排效果也更为显著。二是资源配置效率，表现在非国有企业在资源配置上可能更为高效，能够更有效地利用技术和管理手段减少污染，因此在依赖程度较低时能够显著减少排放。三是政策响应机制差异，表现在两类企业面对环保政策时的响应机制差异。非国有企业对于成本和收益的变化可能更加敏感，因此，随着依赖程度的上升，其污染排放量的变化也更为显著。上述发现也证实了余等（Yu et al.，2024）的主要结论。

4.5.2 企业成熟度

企业上市年份不同，在技术储备、资金实力和管理体系等方面存在差异，这可能影响到大气污染治理中的路径依赖效应。为此，以企业上市年数（当前年份减去上市年份再取对数）为基准，大于均值（2.2075）的为高成熟度组，小于均值的为低成熟度组，再次分别进行回归，结果列于表4-6。

表4-6 企业成熟度异质性检验

变量	(1)		(2)		(3)	
	高	低	高	低	高	低
$lntech\_d$	-0.4686 *** (0.0233)	-0.3768 *** (0.0333)				
$lntech\_d^2$	0.0771 *** (0.0025)	0.0658 *** (0.0031)				
$lninst\_d$			-0.5461 *** (0.0218)	-0.3384 *** (0.0289)		
$lninst\_d^2$			0.0794 *** (0.0022)	0.0521 *** (0.0028)		
$lnmana\_d$					-0.6430 *** (0.0208)	-0.5420 *** (0.0325)
$lnmana\_d^2$					0.0861 *** (0.0022)	0.0745 *** (0.0029)
控制变量	Yes	Yes	Yes	Yes	Yes	Yes
N	10331	9097	10331	9097	10331	9097
R^2	0.3935	0.2413	0.4491	0.2160	0.5036	0.3945
F 统计量	540.23	254.46	661.80	143.44	630.62	180.63

注：括号中为稳健标准误，$*$、$**$ 和 $***$ 分别表示在10%、5%和1%的水平上显著。

由表4-6可知：（1）从影响方向来看，分组回归的结果与全样本一致，表明两个组都存在显著的路径依赖效应。（2）从影响强度来看，高成熟度组路径依赖变量的回归系数（绝对值）更大，可能的原因在于：一是技术与管理效率，高成熟度企业通常拥有更先进的技术和更成熟的管理体系，因此在依赖程度较低时，能够更有效地减少污染排放（Chen et al.，2024）。二是规模效应，高成熟度企业可能生产和排放规模也相应较大，即使是相同幅度的技术、制度和管理变化，也可能导致排放量的大幅变化。三是创新与适应性，高成熟度企业可能更加注重创新和适应性，能够更快适应新的技术和制度变化。因此，它们在依赖程度加深时可能经历更剧烈的排放量变化。

4.5.3　企业投资规模

不同投资规模的企业可能具有不同的污染治理效率、规模经济性和环保压力等，从而表现出有差异的污染治理路径依赖效应。为此，将全样本按照高于、低于投资规模（以固定资产比率衡量）均值分为两组，分别回归，结果如表4－7所示。结果发现：（1）从影响方向来看，分组回归的结果与全样本一致，表明两个组都存在显著的路径依赖效应。（2）从影响强度来看，高投资规模组路径依赖变量的回归系数（绝对值）更小，表明高投资规模组的路径依赖减排效应弱于低投资规模组，这可能是因为：一是投资效率，高投资规模的企业可能有更多资金用于购买先进的生产设备和技术，这有助于提高能源效率和减少污染排放，但若投资效率不高，过度投资可能导致资源浪费，从而减少了投资对减排的积极作用。二是规模经济，高投资规模的企业可能因为规模经济而能够更有效地利用资源，从而在较低的依赖程度上实现减排，但随着依赖程度的增加，减排的边际效益递减。三是市场与政策压力，高投资规模组的企业可能面临更大的市场和政治压力，被迫在环保方面作出表率，在初期可以实现较大减排量，但若过度依赖某一路径，减排的难度和成本可能也随之增加。这一结论与周等（Zhou et al.，2024）的研究基本相符。

表 4 - 7　　　　　　　　　　投资规模异质性检验

变量	(1)		(2)		(3)	
	高	低	高	低	高	低
$lntech\_d$	- 0.4330 *** (0.0286)	- 0.5436 *** (0.0236)				
$lntech\_d^2$	0.0795 *** (0.0030)	0.0872 *** (0.0024)				
$lninst\_d$			- 0.4846 *** (0.0248)	- 0.5989 *** (0.0218)		
$lninst\_d^2$			0.0751 *** (0.0024)	0.0862 *** (0.0021)		
$lnmana\_d$					- 0.6169 *** (0.0248)	- 0.7222 *** (0.0198)
$lnmana\_d^2$					0.0867 *** (0.0023)	0.0958 *** (0.0020)
控制变量	Yes	Yes	Yes	Yes	Yes	Yes
N	8262	11166	8262	11166	8262	11166
R^2	0.3812	0.2645	0.3567	0.3163	0.4743	0.4357
F 统计量	352.65	426.58	358.66	502.46	380.84	506.97

注：括号中为稳健标准误，＊、＊＊ 和 ＊＊＊ 分别表示在 10%、5% 和 1% 的水平上显著。

4.6　本章小结

首先，运用基于文本分析的词典法定量测度了制造业大气污染治理的路径依赖水平，从时变特征和子行业差异两个角度梳理了路径依赖的发展规律。其次，构建固定效应模型，考察路径依赖效应，发现制造业大气污染治理中存在显著的单一和多重路径依赖减排效应。且在经过替换被解释变量、缩尾异常值或极端值、分样本回归以及考虑内生性问题等稳健性检验后，上述结论依然成立。同时，非国有组、高成熟度组和低投资规模组的企业具有更强的路径依赖效应。

至此，制造业上市企业大气污染治理路径依赖现象已经得到证实。由于路径依赖变量一次项和二次项系数一负一正，表明短期内路径依赖有利于污染减排，但长期来看，过度依赖某种治理路径可能适得其反。换言之，于制造业大气污染治理而言，路径依赖究竟是"蜜糖"还是"砒霜"并不能一概而论，而要分时期来看，且要适度把握，方能既发挥路径依赖的环境减排效果，又能避免落入"越依赖越排放"的怪圈。

以上考察的均是路径依赖变量对大气污染排放的直接影响，第 5 章将考虑子行业联动效应、中介效应和调节效应，系统研判路径依赖的作用机制并提出突破策略。

制造业大气污染治理路径与突破策略

　　第 4 章借助文本分析和词典法估算得到技术、制度和管理依赖水平，并分析了路径依赖对大气污染排放的效应及其异质性。为进一步揭示路径依赖对大气污染排放的影响机制，本章将从子行业联动、中介效应和调节效应三个维度展开实证研究。在突破策略上，基于基准回归和子行业联动的直接效应提出的治理策略，对应于路径依赖的"渐进式"治理；而考虑中介和调节效应提出的治理策略，可视为路径依赖的"突变式"治理，最终完成制造业大气污染治理路径依赖从解构到解决的闭环分析。

5.1 变量选择与数据来源

本章实证分析包含的被解释变量与解释变量同模型（4-1）。机制变量和调节变量如下所述。

5.1.1 机制变量

对应于技术依赖、制度依赖和管理依赖的作用过程，分别选择技术适应性、制度执行力和管理开放度作为机制变量。

技术适应性（rdo_r）。技术适应性是衡量企业技术进步和创新能力的关键指标，表明企业对市场和技术变化的响应速度和效果。理论分析表明，在制造业大气污染治理中，技术依赖可通过技术适应性渠道间接影响污染排放水平。参照现有文献（Cui & Qiao，2024），以"研发投入占营业收入的比例"来衡量技术适应性。该比例越高，表明企业在技术研发和创新方面的投入越多，技术适应能力越强。

制度执行力（$isvalid$）。制度执行力是衡量组织内部控制有效性的重要指标，涉及组织对内部规章制度、管理程序、操作流程的遵守和执行情况。借鉴已有成果（Ong et al.，2024），以"内部控制是否有效（0 为无效，1 为有效）"来表征制度执行水平。制度执行力高的企业通常能够更好地执行环保制度，包括污染物排放监测、污染治理设施的运行和维护、环保投入等。

管理开放度（$top1$）。管理开放度是衡量企业管理进步和创新能力的关键指标，代表了企业对市场和管理理念变化的响应速度和效果，是管理依赖间接影响大气污染治理的重要通道。参考相关文献（Zheng &

Wang，2024），以"上市公司第一大股东持股比例（第一大股东持股数量/总股数）"来度量管理开放度。由于决策权较为集中，管理开放度高的企业通常能够更快地更新其管理决策和运营模式。

5.1.2 调节变量

企业文化（*conc_p*）。如果企业文化鼓励高效创新，那么即使企业存在技术依赖、制度依赖或管理依赖，也能够促使企业寻求新的解决方案来减少污染排放。借鉴巴斯卡尔等（Bhaskar et al.，2024）的思想，以"董事长与总经理兼任情况（兼任取 1，分离取 0）"表征企业文化。比较而言，两职兼任的集中式权力结构可能反映了企业对集中领导力的偏好，这样的企业文化倾向于强调决策的快速性和一致性，有利于减少沟通成本，在一定程度上影响路径依赖的环境效应。

资本密集度（*cap_inte*）。参考熊熊等（2023），以"制造业上市公司固定资产总额与员工人数的比值"衡量资本密集程度。资本密集度越高，意味着企业越依赖于资本密集型的生产方式。换言之，资本密集度高的企业更倾向于选择现有的资本密集型生产技术，不利于技术创新；或更加依赖于现有的制度框架和管理模式，出现制度惯性和管理僵化。因此，资本密集度可通过影响技术选择、制度执行和管理实践，进而强化路径依赖变量对大气污染排放的影响。

上述变量的数据来自国泰安（CSMAR）数据库和万得（WIND）数据库，仍以 2009～2021 年为样本期间。被解释变量和解释变量的描述性统计如表 4 - 2 所示。机制变量和调节变量的描述性统计如表 5 - 1 所示。

表 5-1   机制变量与调节变量描述性统计

变量	样本量	最小值	最大值	均值	标准差
技术适应性	19428	0.000	342.340	3.948	6.096
制度执行力	19428	0.000	1.000	0.920	0.271
管理开放度	19428	0.001	89.990	33.181	14.364
企业文化	19428	0.000	1.000	0.450	0.497
资本密集度	19428	0.001	2302.072	3.042	27.814

5.2 考虑子行业联动的制造业大气污染治理路径

制造业 29 个细分子行业在大气污染治理过程中可能会发生联动效应，其理论依据如下：第一，产业链上下游关系。子行业间往往存在紧密的产业链上下游关系。一个行业的产品可能是另一个行业的投入品，因此，一个行业在污染治理上的改进或退步都可能影响到其他行业。第二，技术外溢效应。某一子行业的技术应用可能会通过外溢效应传播到其他相关行业，影响这些行业的污染治理技术和效率。第三，市场联动效应。一个行业的污染治理成本增加可能会通过市场价格机制影响到其他行业，例如，污染治理成本上升可能导致原材料价格上涨，进而影响到下游行业。第四，政策协同效应。政府在制定污染治理政策时，可能会考虑整个制造业的协同效应，导致不同子行业之间的政策效应相互影响。第五，环境外部性。污染治理具有显著的环境外部性，一个行业的环境改善可能会对其他行业产生正面影响，反之则相反。为此，本节将计算制造业细分子行业大气污染治理路径依赖的联动度，并纳入回归模型，分析路径依赖效应。

5.2.1 子行业联动度测算

为测算子行业大气污染治理联动度，沿袭前面章节的做法，按照大气污染排放水平（二氧化硫排放量）将子行业划分为三组（见附表6）。借鉴胡志高（2019）的思路，首先，对制造业上市企业的路径依赖变量进行标准化，再求出每个子行业内企业路径依赖度的均值，作为该子行业的路径依赖度；其次，利用式（5-1），计算三组子行业的路径依赖联动度。

$$L_h = \sqrt{\left[\prod_{i=1}^{n} dep_i \Big/ \left(\frac{1}{n} \sum_{i=1}^{n} dep_i \right)^n \right]^\delta \left(\sum_{i=1}^{n} \pi_i dep_i \right)} \qquad (5-1)$$

其中，L_h 为大气污染治理路径依赖联动度，包括技术依赖联动度（L_{ht}）、制度依赖联动度（L_{hi}）和管理依赖联动度（L_{hm}）。i 代表细分子行业。n 表示组内子行业数量，对应于高、中、低排放组，n 分别取值为 10、10、9。dep_i 为子行业路径依赖度，同样分技术依赖、制度依赖和管理依赖三种情形。$\delta \geq 2$ 为调节系数。

2009~2021 年分组子行业联动度计算结果如表 5-2 所示。由表 5-2 可知，尽管部分年份有小幅波动，但三种路径依赖的子行业联动度均呈上升趋势，表明近年来制造业愈发重视大气污染的协同治理。总体来看，子行业联动度由高到低依次为：管理依赖 > 制度依赖 > 技术依赖。子行业管理依赖联动度最高的原因可能有以下三点：一是管理层面的共性。不同子行业在管理层面有很多共性，如生产流程管理、员工培训、环保意识提升等。这些共性使得管理经验和方法容易在子行业间传播和借鉴，从而提高联动度。二是政策驱动。我国政府对环境保护高度重视，通过制定一系列环保政策和法规，推动企业加强污染治理。在政策驱动下，各子行业在管理层面更容易达成共识，形成联动效应。三是管理创新。随着环保要求的不断提高，企业需要在管理层面进行创新，以降低污染排放。管理创新的成功案例容易在行业内传播，从而提高联动度。反过来，技术依赖联动度较低可能是因为：第一，技术差异。不同子行业的技术特点、工艺流程和污染源有很大差异，导致技术依赖联动度较低。第二，技术壁垒。部分子行业的技术具有一定的壁垒，企业之间在技术方面的合作和交流相对较少，从而降低了联动度。第三，技术更新换代周期长。技术更新换代周期较长，企业在技术方面的改进和升级需要一个较长的过程，导致技术依赖联动度较低。

表 5 - 2　　　　　　　　子行业路径依赖联动度测算结果

路径依赖	分组	2009 年	2011 年	2013 年	2015 年	2017 年	2019 年	2021 年
技术依赖	高排放	0.815	0.833	0.838	0.853	0.869	0.879	0.890
	中排放	0.774	0.791	0.789	0.805	0.822	0.833	0.833
	低排放	0.820	0.844	0.849	0.867	0.882	0.892	0.901
制度依赖	高排放	0.889	0.904	0.892	0.898	0.916	0.930	0.937
	中排放	0.851	0.861	0.847	0.850	0.868	0.883	0.879
	低排放	0.892	0.909	0.896	0.903	0.918	0.933	0.939
管理依赖	高排放	0.895	0.905	0.907	0.918	0.930	0.939	0.944
	中排放	0.855	0.859	0.860	0.869	0.881	0.891	0.886
	低排放	0.898	0.909	0.911	0.922	0.933	0.943	0.948

表 5 - 2 还显示，在每种治理路径下，子行业联动度由高到低依次为：低排放组 > 高排放组 > 中排放组。不同排放组子行业联动度的差异主要受政策、技术、管理和资源配置等因素影响，具体而言：第一，政策压力。低排放组企业面临的环保政策压力较小，更容易在污染治理方面取得共识，形成联动效应。而高排放组企业面临的政策压力较大，企业间的竞争更为激烈，往往难以形成有效的联动。第二，技术成熟度。低排放组企业通常在污染治理技术方面相对成熟，容易在行业内推广和

应用。而高排放组企业在技术方面可能存在一定差距，导致联动度较低。第三，管理水平。低排放组企业管理水平相对较高，更容易在行业内形成共识。而高排放组企业管理水平参差不齐，难以实现有效联动。第四，资源配置。低排放组企业在资源配置方面更为合理，有利于污染治理联动。而高排放组企业可能在资源配置上存在一定问题，影响联动效果。

5.2.2　基于子行业联动度的治理模型

仍以固定效应模型分析考虑子行业联动的大气污染治理路径依赖现象，具体如下：

$$\ln so_{2it}^{g} = \alpha + \phi L_h + \beta_1 \ln dep_{it} + \beta_2 \ln dep_{it}^2$$

$$+ \sum_{i=1}^{n} \eta_{it} X_{it} + \mu_i + \delta_t + \varepsilon_{it} \qquad (5-2)$$

其中，被解释变量（$\ln so_{2it}^{g}$）代表大气污染排放量，分别为高、中、低三组制造业上市公司二氧化硫排放量（对数值）的均值，g 表示分组（group）；解释变量 L_h 为路径依赖联动度，$\ln dep_{it}$ 和 $\ln dep_{it}^2$ 表示路径依赖及其平方项，均包括技术、制度和管理依赖三种形式。η 为控制变量回归系数。其余符号的内涵同模型（4-1）。

5.2.3　子行业联动治理回归结果

表 5-3 给出了子行业联动下路径依赖对大气污染排放的回归结果。可以看出，子行业间技术和管理依赖联动均显著减少了大气污染排放，但制度依赖联动没有通过显著性检验。对此，需要逐一展开分析。

表 5 – 3　　　　　　　　　　考虑子行业联动的回归结果

变量	（1）	（2）	（3）
L_{ht}	− 1. 322 *** （0. 2384）		
L_{hi}		− 0. 7303 （0. 4694）	
L_{hm}			− 0. 4976 ** （0. 2304）
$\ln tech\_d^g$	− 4. 6333 *** （0. 3058）		
$\ln inst\_d^g$		− 16. 2885 （25. 4818）	
$\ln mana\_d^g$			− 5. 6121 *** （0. 4277）
控制变量	Yes	Yes	Yes
N	39	39	39
R^2	0. 9768	0. 9457	0. 9644
F 统计量	150. 47	56. 17	101. 13

注：L_{ht}，L_{hi} 和 L_{hm} 分别表示制造业大气污染排放三组子行业间的技术、制度和管理依赖联动度。$\ln tech\_d^g$，$\ln inst\_d^g$ 和 $\ln mana\_d^g$ 分别表示子行业技术、制度和管理依赖的组内均值。括号中为稳健标准误，*、** 和 *** 分别表示在 10%、5% 和 1% 的水平上显著。

（1）技术依赖联动效应。子行业技术依赖联动度回归系数显著为负，表明子行业技术层面的联合治理有效降低了大气污染排放。原因可能包括：一是技术扩散。当一个子行业采用更清洁或更高效的技术来减少污染时，这些技术可能会通过技术转移、模仿或合作等方式扩散到其他子行业。技术依赖联动意味着技术进步在行业间的传播，从而带动整体污染减排。二是协同效应。不同子行业在技术上的相互依赖可能产生协同效应，即一个行业的技术进步可能激发其他行业的技术创新，共同推动整个制造业的技术升级和污染减排。三是产业链整合。技术依赖联动可能促使产业链上下游行业之间进行更紧密的技术整合，提高整个产业链的效率，减少中间环节的污染排放。四是规模经济。技术依赖联动可能带来规模经济效应，使得污染治理技术的研发和应用成本降低，从而鼓励更多行业采用这些技术。五是标准制定。技术领先行业可能会设定新的技术标准，其他行业为了保持竞争力，也会跟进这些标准，从而从整体上提高行业的污染治理水平。

（2）制度依赖联动效应为负但不显著，可能的原因在于：一方面是制度同质性。当不同子行业面临相似的制度环境，那么制度依赖联动可能不会表现出显著的差异，从而无法产生有效的减排效应。另一方面是监管俘获性。在某些情况下，行业可能对监管机构产生影响，导致制度实施不够严格，从而削弱了制度依赖联动的减排效应。此外，还有行业异质性。不同子行业对制度的反应可能不同，一些行业可能对制度变化更为敏感，而其他行业则不然，导致减排效果互相抵消，进而使得子行业制度联动效应不明显。

（3）管理依赖联动效应。子行业管理依赖联动度回归系数显著为负，表明子行业管理层面的联合治理也有效削减了大气污染排放。这可能是因为：其一，最佳实践共享。管理依赖联动意味着有效的环境管理实践和策略可以在不同子行业之间共享。当一个行业成功实施减排管理措施时，其他行业可能会学习和采用这些措施。其二，管理创新。管理依赖联动可能促进管理创新，即一个行业的管理变革可能会激发其他行业在环境管理方面的创新，从而实现减排。其三，监管一致性。不同子行业在环境管理上的联动可能意味着监管要求的趋同，这有助于建立统一的环境管理标准，减少整个制造业的污染排放。其四，信息交流。管理依赖联动促进了行业间在环境管理信息方面的交流，有助于提高整个行业对污染问题的认识，进而采取更有效的减排措施。其五，企业社会责任。管理依赖联动可能增强企业对社会责任的认识，促使企业在环境管理方面采取更为积极的行动，这不仅有助于企业自身的减排，也会对其他行业产生示范效应。

5.2.4 考虑子行业联动的制造业大气污染治理突破策略

前面提到，基准回归模型给出的路径依赖效应和子行业联动度效应，均对应于路径依赖变量对大气污染排放的"渐进式"影响，本节将第4章的主要结论与子行业联动回归结果相结合，分别从技术、制度和管理三个维度，提出如下"渐进式"突破策略。

5.2.4.1 技术层面的突破策略

（1）优化技术协同创新平台。一是强化技术交流与共享。鉴于技术依赖减排效应显著，平台应更加注重技术交流和成果共享，特别是在清洁技术和污染治理技术方面，以促进更多企业受益于技术创新。二是监测技术依赖效应曲线。建立监测机制，跟踪技术依赖对污染排放的边际影响，避免因过度依赖导致污染排放增加。

（2）精细化技术转移和扩散项目。一是针对性技术转移。针对子行业技术依赖联动的减排效应，制定更加精细化的技术转移策略，确保技术转移与行业特性相匹配。二是避免多重依赖过度。在技术转移过程中，注意避免技术、制度和管理的多重依赖过度，通过多元化技术路线和灵活的管理措施，减少潜在的污染排放加剧风险。

（3）推动技术制度、管理相结合的策略。一是技术与管理联动。鉴于管理依赖联动具有显著的减排效应，应推动技术与管理的结合，如通过智能化管理系统提升技术应用的效率和效果。二是制定适应性管理策略。针对技术进步带来的变化，及时调整管理策略，确保管理措施与技术发展同步，以维持减排效应。同样地，也应建立制度支持与技术进步的协同机制，确保制度具有一定的灵活性，能够适应技术快速变化的需求，同时避免制度僵化削弱减排效应。

（4）跨行业技术整合与创新。一是跨行业技术整合。鼓励不同子行业之间的技术整合，通过跨行业合作开发集成技术，以提高整体减排效果。二是创新激励。为跨行业技术整合提供政策和资金支持，激励企业进行技术创新和整合。

5.2.4.2 制度层面的突破策略

（1）差异化环保法规的制定与调整。一是平衡法规的严格性与灵活性。在制定差异化环保法规时，应结合当前路径依赖边际效应，避免法规过于严格导致企业反弹。法规应具有适度的灵活性，允许企业在合规的前提下进行创新和调整。二是动态监测与适时调整。建立动态监测机制，跟踪法规实施效果，根据路径依赖表现及时调整法规。子行业治理制度的异质性与动态性有助于实现联动效应，提升制度依赖的环境减排效果。

（2）促进子行业间制度依赖联动。一是强化制度联动效应。回归结果显示，制度依赖联动的系数不显著，因此需要探索如何通过制度创新加强子行业间的联动，例如，通过建立行业间的环保合作机制或共享环保资源。二是激励制度创新。为子行业提供激励措施，鼓励它们在制度层面进行合作和创新，以提高制度依赖联动的减排效应。

（3）跨部门政策协调与优化。一是避免多重依赖过度。在跨部门政策协调中，同样应防止出现多重依赖过度现象，以免加剧污染排放。政策应相互补充，形成合力而非相互抵消。二是政策效果评估与优化。定期评估跨部门政策协调的效果，根据评估结果优化政策组合，确保政策在促进减排的同时，不会引发过度依赖。

（4）构建灵活且适应性强的环保政策体系。一是政策体系适应性。确保政策体系能够适应行业发展和市场变化，保持长期的减排效应。二是子行业联动政策。针对不同子行业的特征，制定联合治理环保政策，以强化制度依赖联动的减排效应。

5.2.4.3 管理层面的突破策略

（1）推广环境管理体系标准和最佳实践。一是定制化环境管理体系。针对不同子行业的特性，定制化环境管理体系标准，确保标准符合行业实际，避免"一刀切"的做法。二是建立行业内部交流平台。创建行业内部交流平台，促进企业间环境管理经验和最佳实践的分享，特别是那些在技术和管理依赖联动方面表现良好的企业。

（2）提升企业环境管理能力。一是分层级开展培训。根据企业管理层、操作层等不同层级的需求，提供分层级的培训，确保环境管理能力的提升覆盖企业各个层面。二是环境管理能力评估。定期对企业环境管理能力进行评估，识别短板，有针对性地提供培训和咨询服务。

（3）加强跨行业环境管理合作。一是跨行业联动项目。鼓励不同子行业的企业共同参与环境管理联动项目，通过合作学习，提升整个产业链的环境管理水平。二是共享环境管理资源。建立资源共享机制，如共用环境检测设备、联合研发环保技术等，以降低成本并提高效率。

（4）建立环境管理动态调整机制。一是灵活应对市场变化。建立灵活的环境管理应对机制，使企业能够快速响应市场变化和政策调整。二是管理技术创新。鼓励企业在环境管理过程中采用新技术，如大数据分析、物联网等，以提高管理效率和效果。三是环境管理文化塑造。在企业内部塑造以环保为核心的企业文化，使环境管理成为企业自觉行为，而不仅仅是合规要求。

上述策略旨在从技术、制度和管理层面推动制造业大气污染治理的进步，实现行业间的联动效应，进而有效降低整体污染排放。

5.3　考虑中介效应的制造业大气污染治理路径

引入技术、制度和管理以外的外生因素作为中介变量或调节变量，以分析其对路径依赖效应的影响，具有以下理论依据：第一，制度变迁理论。根据诺斯（North，1990）的制度变迁理论，外部环境的变化（如政策、市场环境等）可能导致制度、技术和管理的变革。因此，可以将政策变化、市场需求等外生因素作为调节变量，探讨它们如何影响路径依赖效应，进而实现大气污染的"突变式"治理。第二，创新扩散理论。罗杰斯（Rogers，1995）的创新扩散理论指出，新技术的推广和应用往往受到外部环境因素的影响。将这些因素作为中介变量，可以分析新技术、新制度和新管理模式的引入如何打破原有路径依赖，促进大气污染治理。第三，资源依赖理论。资源依赖理论主张，企业对外部资源的依赖会影响其内部决策（Hillman et al.，2009）。引入外部资源（如政府补贴、环保投资等）作为中介变量，可以探讨这些资源如何改变企业的污染治理路径依赖。此外，临界质量理论也表明，当外部因素积累到一定程度时，可能会引发系统性的变革。因此，当新变量变化达到一定程度，可能导致路径依赖效应的突变，从而实现大气污染的"突变式"治理。

5.3.1　中介效应模型

参考温忠麟和叶宝娟（2014）的思路，运用三步法检验中介效应。第一步，利用基准模型（4-1）检验路径依赖对大气污染排放的影响是否显著；第二步，用模型（5-3）判断解释变量对中介变量的影响是否显著；第三步，将解释变量与中介变量同时纳入回归模型（5-4），考虑它们对大气污染排放的影响。

$$Mediator_{it} = \alpha_3 + \beta_{31}\ln dep_{it} + \beta_{32}\ln dep_{it}^2 + \sum_{i=1}^{n} \theta_{it}X_{it} + \mu_i + \delta_t + \varepsilon_{it}$$

$$(5-3)$$

$$\ln so_{2it} = \alpha_4 + \beta_{41}\ln dep_{it} + \beta_{42}\ln dep_{it}^2 + \vartheta Mediator_{it}$$

$$+ \sum_{i=1}^{n} \rho_{it}X_{it} + \mu_i + \delta_t + \varepsilon_{it} \qquad (5-4)$$

其中，$Mediator_{it}$ 为中介变量，当核心解释变量为技术依赖、制度依赖和管理依赖时，分别表示技术适应性（rdo_r）、制度执行力（$isvalid$）和管理开放度（$top1$），ϑ 为对应的估计系数；θ_{it} 和 ρ_{it} 对应于模型（5-3）、模型（5-4）中控制变量对被解释变量的回归系数。

5.3.2 考虑技术适应性中介的路径依赖分析

以技术适应性作为技术依赖影响大气污染排放的中介变量，主要出于以下考虑：首先，根据技术进步理论，技术适应性是企业技术进步的关键，它体现了企业对新技术、新工艺的接受和应用能力。技术适应性强的企业能够更有效地采用减排技术，从而减少污染排放。其次，技术锁定假说认为，企业可能会长期依赖于特定的技术路径，这种依赖限制了企业对新技术的采纳。技术适应性作为中介变量，可以帮助分析企业如何打破技术锁定，实现污染减排。最后，环境创新理论强调，技术适应性是企业响应环境压力、实现环境创新的重要机制。通过提高技术适应性，企业能够开发和应用更环保的技术，进而降低路径依赖效应。

选择以研发投入占营业收入的比重衡量技术适应性，理由如下：第一，创新投资理论认为，研发投入是企业创新能力的重要体现，它直接关系到企业技术进步的速度和质量。研发投入占营业收入的比重反映了企业对技术创新的重视程度，是衡量技术适应性的重要指标。第二，基于资源基础观理论，企业的研发投资是其核心竞争力的来源之一。研发投入的多少可以反映企业在技术上的投入和承诺，进而体现其技术适应性。第三，根据企业成长理论，研发活动是企业持续成长的关键。研发投入占比高的企业更有可能开发出适应市场需求和环境变化的新技术和新产品，这表明了较高的技术适应性。

技术适应性中介回归结果如表 5-4 所示。列（1）显示，当不包含中介变量时，技术依赖对大气污染排放的回归系数显著为负，说明技术依赖具有直接减排效应。列（2）显示，技术依赖对中介变量（研发投入占营业收入的比例）的回归系数显著为负，表明企业在技术上的依赖降低了技术适应能力，可能是因为企业依赖外部技术，导致自身研发需求降低。列（3）同时纳入了核心解释变量和中介变量。可以看到，技术适应性对大气污染排放的回归系数显著为正，这意味着研发投入占营业收入的比例越高，大气污染排放量也越高。这个结果可能看起来与直觉相反，但与事实并不违背，例如，研发投入的增加可能导致企业扩大生产规模，而增产带来的"增排效应"超过了研发新技术带来的"减排效应"，导致污染排放不减反增；研发活动本身短期内也可能产生一些环境污染等。阿拉姆和侯赛因（Alam & Hossain，2024）也指出，如果实施不当，研发投资可能会增加污染排放。我们注意到，由于技术依赖减少了研发投入，而研发投入又与大气污染排放正相关，因此技术依赖通过降低技术适应性间接降低了大气污染排放。假设 H2a 得以验证。

表 5 - 4 机制分析（技术适应性）

变量	(1) lnso₂	(2) rdo_r	(3) lnso₂
lntech_d	− 0. 5382 *** (0. 0223)	− 0. 9842 *** (0. 4136)	− 0. 5352 *** (0. 0226)
rdo_r			0. 0030 *** (0. 0012)
控制变量	Yes	Yes	Yes
个体固定效应	Yes	Yes	Yes
时间固定效应	Yes	Yes	Yes
观测值	19428	19428	19428
R^2	0. 3157	0. 2623	0. 3162
F 统计量	817. 93	556. 79	733. 21

注：括号中为稳健标准误，* 、** 和 *** 分别表示在10% 、5%和1%的水平上显著。

5.3.3 考虑制度执行力中介的路径依赖分析

以制度执行力作为制度依赖影响大气污染排放的中介变量，主要出于如下考虑：首先，根据制度理论，企业的行为受到正式制度（如法律、规章）和非正式制度（如文化、规范）的影响。制度执行力反映了企业遵循这些制度的程度，是连接制度依赖与实际行为的关键环节。其次，组织行为理论认为，企业的内部制度能够引导和规范员工的行为。制度执行力强意味着企业能够有效地实施减排措施和管理规定，从而影响污染排放。最后，合规性理论强调，企业遵守环境法规和其他相关规定的程度对其环境绩效有直接影响。制度执行力作为中介变量，可以揭示企业如何通过提高合规性来改变制度依赖效应。

以内部控制是否有效（0 为无效，1 为有效）衡量企业制度执行力，也有充分的理论基础：第一，内部控制理论指出，有效的内部控制是企业实现其目标的关键，包括环境目标。内部控制的有效性反映了企业制度的设计和执行情况，是衡量制度执行力的重要指标。第二，风险管理理论认为，内部控制是识别、评估和管理风险的重要工具。有效的内部控制有助于企业识别和应对环境污染风险，从而减少污染排放。第三，内部控制的有效性与企业的合规性和绩效之间存在正相关关系。有效的内部控制可以提高企业的合规性，进而影响其环境绩效。第四，内部控制是否有效的二元变量具有操作性强、易于测量的特点。它可以将复杂的制度执行力问题简化为可以量化的指标，便于实证分析和比较。因此，在实证研究中，内部控制的有效性常被用作衡量企业治理水平和制度执行力的指标。

制度执行力中介回归结果如表 5-5 所示。首先，当不包含中介变量时，制度依赖对大气污染排放的回归系数显著为负，说明制度依赖存在显著的直接减排效果。其次，列（2）显示，制度依赖对中介变量（内部控制是否有效）的回归系数显著为正，表明在制度依赖较强的环境中，企业更可能实施有效的内部控制，即制度执行力更强。原因在于，制度依赖意味着企业在一个监管严格、法律完善的环境中运营，这促使企业加强内部控制，以符合外部制度要求，从而提高制度执行力。列（3）进一步表明，当中介变量纳入模型后，解释变量和中介变量对大气污染排放的回归系数均显著为负，说明制度依赖通过提高企业的制度执行力间接促进了减排。郑等（Zheng et al.，2024）也发现了内部控制有效性在制度减排中的中介作用。假设 H2b 得以验证。

表 5-5　　　　　　　机制分析（制度执行力）

变量	(1) lnso_2	(2) isvalid	(3) lnso_2
$lninst\_d$	-0.4487*** (0.0072)	0.1064*** (0.0086)	-0.4317*** (0.0071)
$isvalid$			-0.1590*** (0.0059)

续表

变量	(1) $lnso_2$	(2) $isvalid$	(3) $lnso_2$
控制变量	Yes	Yes	Yes
个体固定效应	Yes	Yes	Yes
时间固定效应	Yes	Yes	Yes
观测值	19428	19428	19428
R^2	0.2931	0.2370	0.3185
F 统计量	4026.55	1373.10	3026.30

注：括号中为稳健标准误，*、** 和 *** 分别表示在 10%、5% 和 1% 的水平上显著。

5.3.4 考虑管理开放度中介的路径依赖分析

以管理开放度作为管理依赖影响大气污染排放的中介变量，主要出于以下考虑：首先，管理开放性理论认为，企业的管理结构和决策过程如果更加开放，能够更好地吸收外部信息和资源，从而促进企业创新和适应环境变化。管理开放度高的企业可能更愿意采纳新的管理理念和技术，从而影响污染排放。其次，组织学习理论指出，开放的管理体系有助于组织学习新知识和技术，这对于应对环境挑战和减少污染至关重要。管理开放度可以作为组织学习和变革能力的一个指标。最后，在代理理论中，管理开放度可以影响股东与管理层之间的代理关系。开放的管理体系有助于减少代理成本，提高企业对环境责任的响应速度和效率。

用第一大股东持股比例衡量企业的管理开放水平，理论依据为：第一，股权集中度理论认为，股权结构对企业决策和管理风格有显著影响。第一大股东持股比例可以反映企业股权集中度，进而影响企业的管理开放性。第二，公司治理理论指出，股权结构是公司治理的基础。第一大股东持股比例较高可能意味着更强的控制力和更封闭的管理决策过程，而较低的持股比例可能表明更分散的股权和更开放的管理体系。第三，第一大股东往往对企业决策有较大的影响力。其持股比例可以间接反映企业在管理上对外部意见和创新的接受程度，即管理开放水平。此外，实证研究中，股权结构与公司绩效、创新能力和环境管理之间关系的探讨已经相对成熟。第一大股东持股比例作为一个常用的指标，有助于分析和比较不同企业的管理开放度，具有较高的可操作性。

管理开放度中介回归结果如表 5 - 6 所示。由表 5 - 6 中列（1）可知，当不包含中介变量时，管理依赖对大气污染排放的回归系数显著为负，说明管理依赖具有直接减排效应。列（2）表明，管理依赖对中介变量（第一大股东持股比例）的回归系数显著为正，表明管理依赖程度越高，第一大股东持股比例也越高。这意味着企业在管理上的依赖导致了股权集中度的提高，使第一大股东对企业的影响力和控制力增强。列（3）则显示，当中介变量纳入模型后，其对大气污染排放的回归系数显著为负，这意味着第一大股东持股比例的上升有助于遏制大气污染排放。现有研究也发现，当第一大股东持股比例较高时，股东更有动力和能力监督企业减少污染排放，以保护其投资价值（Yang & Yuan，2024）。同时，由于管理依赖增加了第一大股东持股比例，而第一大股东持股比例又与大气污染排放呈负相关，因此管理依赖通过提高管理开放度间接减少了大气污染排放。假设 H2c 得到验证。

表 5 - 6　　　　　机制分析（管理开放度）

变量	(1) $lnso_2$	(2) $top1$	(3) $lnso_2$
$lnmana\_d$	- 0.7278 *** (0.0186)	11.1586 *** (0.7978)	- 0.6808 *** (0.0178)
$top1$			- 0.0042 *** (0.0003)
控制变量	Yes	Yes	Yes

续表

变量	(1) $\ln so_2$	(2) $top1$	(3) $\ln so_2$
个体固定效应	Yes	Yes	Yes
时间固定效应	Yes	Yes	Yes
观测值	19428	19428	19428
R^2	0.4522	0.3488	0.4427
F 统计量	957.89	658.93	961.32

注：括号中为稳健标准误，＊、＊＊和＊＊＊分别表示在 10%、5% 和 1% 的水平上显著。

5.3.5 考虑中介效应的制造业大气污染治理突破策略

5.3.5.1 基于技术适应性中介的大气污染治理突破策略

技术中介结果显示，技术依赖是通过降低技术适应性而间接减少大气污染排放的。回顾第 4 章的基准回归结果不难发现，这种情形适用于技术依赖效应曲线的左半段（即技术依赖的减排效应）。换句话说，当技术依赖程度较低时，并不需要有很高的技术适应性，因为技术适应性过高意味着企业可以持续处于低水平依赖阶段，有利于保持当前的技术减排优势。然而，当技术依赖水平越过拐点到达曲线的右半段时，过度依赖于当前技术模式会导致污染增加，此时需要有较高的技术适应性来打破现有技术路径，实现大气污染的突变式治理。在后一种情形下，制造企业可以采取如下治理策略。

一方面，深化行业间技术融合。即在已有的技术协同创新平台基础上，推动特定行业间的技术深度融合，开发跨界环保技术解决方案。这有助于提高企业的技术适应性，使其能够更有效地采用和改进清洁技术，从而减少大气污染排放。具体而言，可以组织跨行业技术研讨会，促进不同行业专家的交流与合作，共同探讨解决大气污染问题的技术路径；或者建立跨行业技术研发小组，专注于开发能够应用于多个行业的环保技术和产品。例如，将航空航天领域的高性能材料技术应用于汽车制造业，以减轻车辆重量并提高燃油效率，从而减少尾气排放。

另一方面，促进技术适应性研究。即针对不同行业的特性，研究如何将通用型清洁技术适配到特定生产流程中，提高技术的行业适应性。具体而言，可以实施行业特定的技术适应性研究项目，邀请行业内的企业和研究机构共同参与，分析现有清洁技术在特定生产环境中的应用潜力；或者通过小规模试点项目，测试和优化技术在特定行业中的应用效果。例如，针对食品加工业，研究如何将先进的脱硫技术应用于烘焙和肉类加工过程中，以减少污染物排放。

5.3.5.2 基于制度执行力中介的大气污染治理突破策略

若期望通过提高制度执行力间接发挥制度依赖的减排效应，制造企业可以采取如下治理策略。

一方面，建立行业环保绩效评估体系。即结合子行业特点，建立环保绩效评估体系，为制定差异化环保政策提供依据。这为行业提供了一套标准化的制度执行框架，有助于提高企业的制度执行力，因为企业需要按照评估体系的标准来执行环保措施。具体而言，可以开发综合性的环保绩效评估指标，包括排放量、能源效率、资源回收率等，并根据不同行业的污染特征进行权重分配；定期对行业内的企业进行环保绩效评估，并将评估结果作为环保补贴、税收优惠、信贷支持等政策实施的重要依据。例如，对达到高级别环保绩效的企业，提供更多的政策激励和资金支持。

另一方面，推动建立行业自律机制。即鼓励各子行业建立自律机制，制定行业内的环保标准和行为准则。行业自律机制通过内部规范和监督，强化了企业对环保法规的遵守。这种机制提高了制度执行力，因为这鼓励企业不仅在法律要求下，而且在行业规范下进行自我监管。具体而言，包括支持行业协会或商会牵头制定行业环保自律公约，明确行业内企业的环保责任和行为规范；建立行业内的环保监督和信息披露机制，提高企业环保行为的透明度等。例如，成立行业环保委员会，负责监督公约的执行情况，并对违反公约的企业进行通报和处罚。

5.3.5.3 基于管理开放度中介的大气污染治理突破策略

若期望借助提高管理开放度而间接实现管理依赖的减排效果，制造企业可以采取如下治理策略。

一方面，构建跨行业环境管理网络。即建立跨行业的环境管理网络，促进不同行业在环境管理方面的信息交流和资源共享，从而提高企业的环境管理开放度。开放的管理环境有助于企业吸收外部环境管理的最佳实践，进而改善自身的环境表现。具体而言，可以搭建一个在线平台，供不同行业的企业分享环境管理经验和最佳实践；定期举办跨行业环境管理研讨会和工作坊，促进企业间的面对面交流等。例如，组织制造业和建筑业的企业代表共同探讨如何利用建筑废料作为制造业的原材料，实现资源的循环利用。

另一方面，实施环境管理人才交流计划。即通过人才交流计划，促进不同行业间环境管理经验和技能的传播，这可以促进新的管理理念和技能的引入，有助于提高管理层的开放性和创新能力。管理开放度的提升有利于促进企业在环境管理上的持续改进。具体而言，可以与高校、研究机构和企业合作，建立环境管理人才库，为人才交流提供平台；实施轮岗制度，让环境管理人才在不同行业的企业中学习和工作，以传播先进的环境管理理念和技术等。例如，组织环境管理专家在化工企业和电子企业之间进行轮岗，分享各自在环境风险评估和污染预防方面的专业知识。

5.4　考虑调节效应的制造业大气污染治理路径

在制造业大气污染治理的研究中，我们不仅要关注路径依赖对污染排放的直接和间接影响，还必须考虑企业内部和外部的某些关键因素如何调节这些影响。为此，本节将在基准模型中引入调节变量——企业文化与资本密集度，以深入分析它们在路径依赖影响大气污染排放中的作用。

5.4.1　调节效应模型

基于路径依赖减排效应的理论分析，为进一步检验企业文化和资本密集度在路径依赖影响大气污染排放过程中的调节作用，构建调节效应模型如下：

$$\ln so_{2it} = \alpha_5 + \beta_{51} \ln dep_{it} + \beta_{52} \ln dep_{it}^2 + \tau_1 Moderator_{it} + \tau_2 \ln dep_{it}$$

$$\times Moderator_{it} + \sum_{i=1}^{n} \varphi_{it} X_{it} + \mu_i + \delta_t + \varepsilon_{it} \qquad (5-5)$$

其中，$Moderator_{it}$ 为调节变量，包括企业文化（$conc\_pconc\_p$）和资本密集度（cap_inte）。类似地，τ_1、τ_2 和 φ_{it} 分别表示调节变量、解释变量与调节变量交互项以及控制变量的回归系数。

5.4.2　企业文化调节的路径依赖分析

将企业文化作为路径依赖效应的调节变量，源于以下理论依据：首先，组织行为理论认为，企业文化是影响员工行为和组织决策的关键因素。企业文化可以塑造员工对于环保的态度和行为，进而影响企业的环境管理实践和污染排放水平。其次，由战略管理理论可知，企业文化是企业战略选择和执行的重要基础。一个重视环保的企业文化可能会促使企业在战略层面更加注重大气污染治理，从而影响其路径依赖效应。最后，依据资源基础观，企业文化作为一种无形资源，能够影响企业资源配置和利用的效率。企业文化导向可能影响企业对环保技术的采纳和应用，进而影响污染排放。

之所以用"董事长与总经理兼任情况"来测度企业文化，理由如下：第一，根据高层梯队理论，企业高管的特征（如价值观、背景等）会影响企业的战略选择和文化。董事长与总经理兼任情况可以作为高管特征的一种体现，反映企业文化的集中度和权力距离。第二，企业治理结构影响企业的决策过程和效率。兼任情况通常意味着更集中的决策权和更统一的企业文化，这可能影响企业在环保方面的决策和行动。第三，基于代理理论，董事长与总经理兼任情况可以反映代理成本和治理效率。兼任可能减少代理问题，使得企业文化更加一致，从而在环保决策上更加有效。第四，"董事长与总经理兼任情况"是一个具体的、可量化的指标，便于在实证研究中进行分析。兼任情况可以作为企业文化的一种代理变量，因为它反映了企业内部权力分配和文化导向。

企业文化调节效应的回归结果如表 5-7 所示。由表 5-7 可以看出，技术依赖与企业文化的交互项（$lntech\_d \times conc\_p$）回归系数显著为负，这说明企业文化负向调节技术依赖的环境效应。这意味着相对于不兼任的情形，董事长与总经理兼任弱化了技术依赖对大气污染的负效应。在制造业，这可能源于两方面因素：一是领导风格和决策机制，即两职兼任时企业的决策权更加集中、更具创新性，可能不利于制造企业维持技术依赖初期的减排红利；二是组织机构和沟通机制，董事长与总经理两职合一可能导致企业组织结构更加层级化，基层的技术创新和环境治理建议难以传递至高层，从而影响技术依赖的减排效果（Rycroft & Kash，2002）。类似地，制度依赖与企业文化的交互项（$lninst\_d \times conc\_p$）、管理依赖与企业文化的交互项（$lnmana\_d \times conc\_p$）均在1%的显著性水平上存在负向调节作用。验证了假设 H3a。

表 5 – 7　　　　　　　　　　　　调节效应回归结果

变量	系数	控制变量	个体固定效应	时间固定效应	观测值	R^2	F 统计量
$lntech\_d \times conc\_p$	-0.0108 ** (0.0047)	Yes	Yes	Yes	19428	0.3166	647.29
$lninst\_d \times conc\_p$	-0.0126 ** (0.0052)	Yes	Yes	Yes	19428	0.3157	662.87
$lnmana\_d \times conc\_p$	-0.0125 ** (0.0057)	Yes	Yes	Yes	19428	0.3364	790.82
$lntech\_d \times cap\_inte$	0.0084 ** (0.0041)	Yes	Yes	Yes	19428	0.3345	803.16
$lninst\_d \times cap\_inte$	0.0125 * (0.0074)	Yes	Yes	Yes	19428	0.4528	775.22
$lnmana\_d \times cap\_inte$	0.0147 *** (0.0046)	Yes	Yes	Yes	19428	0.4519	782.88

注：括号中为稳健标准误，＊、＊＊和＊＊＊分别表示在10%、5%和1%的水平上显著。

5.4.3　资本密集度调节的路径依赖分析

在制造业大气污染治理的研究中，资本密集度可以作为路径依赖变量影响大气污染排放的调节因素，其理论依据如下：首先，根据资源基础观，企业的资源配置会影响其竞争优势。资本密集度反映了企业对资本资源的依赖程度，这可能影响企业在环保技术和减排措施上的投资和应用。其次，由技术吸收能力理论可知，企业吸收新技术的能力与其资源配置有关。资本密集度高的企业可能更倾向于采用先进的环保技术，从而影响污染排放。最后，资本成本和投资回报率影响企业的投资决策。资本密集度高的企业可能面临更高的资本成本，这可能会影响其对环保投资的优先级和投资规模。

采用"制造业上市公司固定资产总额与员工人数的比值（对数化）"测度资本密集度，则出于以下考虑：第一，在生产理论中，固定资产总额与员工人数的比值反映了企业的资本密集度。这个比值越高，说明企业每单位劳动力拥有的资本越多，资本密集度越高。第二，该指标可量化、易操作，便于在实证研究中进行分析。对数化处理可以减少极端值的影响，使得数据更加平稳。第三，固定资产总额与员工人数的比值能够综合反映企业的资本配置和生产规模，是衡量资本密集度的一个全面指标。

由表 5 - 7 可知，技术依赖与资本密集度的交互项（$lntech\_d \times cap\_inte$）对大气污染排放的回归系数显著为正，表明随着调节变量（资本密集度）的增加，解释变量（技术依赖）对被解释变量（大气污染排放量）的影响会增强。这意味着在资本密集度较高的企业和行业中，技术依赖的大气污染减排效应更为显著。在制造业中，对这一现象可从以下两点进行解释：一是技术效率与资本的互补性，即资本密集度高的企业通常拥有相对更复杂、更先进的生产设施，这些设施与新技术相结合赋予企业更高的技术吸收能力，从而能够更有效地利用技术依赖来实现减排；二是减排的规模经济性，即资本密集型企业往往规模较大，较易实现规模经济，意味着在采用新技术时，能够分摊更高的固定成本，从而降低单位产品的污染排放量（Zhao et al.，2024b）。资本密集度对制度依赖、管理依赖的减排效应同样具有显著的正向调节效果。假设 H3b 得到验证。

5.4.4 考虑调节效应的制造业大气污染治理突破策略

5.4.4.1 基于企业文化调节效应的大气污染治理突破策略

首先，在技术维度上，建议将企业文化与技术创新相结合，通过企业文化建设提升员工对环保技术的认同感和创新意识。企业可以设立环保技术创新中心，将环保理念融入企业文化建设，鼓励员工参与环保技术创新，例如开发环保型建筑材料。此外，也可以根据企业文化，制定差异化的技术投资策略，确保技术投资与企业文化相匹配。对于企业文化强调可持续发展的企业，优先投资于清洁能源技术，如太阳能和风能，以减少化石燃料的使用和污染。

其次，在制度维度上，建议通过强化企业文化，提高企业对环保法规的遵守意识，确保制度执行的有效性。企业可以开展环保法规培训，将企业文化建设与环保法规执行相结合，提高员工遵守法规的自觉性，并定期实施环保法规培训，确保员工了解最新的环保法规要求。此外，企业还可以制定差异化的环保制度激励措施，激发企业实施减排措施的积极性。对注重社会责任的企业提供更多的环保补贴和税收优惠，鼓励其加大环保投入，例如为参与环保项目的企业提供额外的税收减免。

最后，在管理维度上，建议通过企业文化塑造，鼓励企业开展管理模式创新，提高环境管理的效率和效果。在企业内部推广绿色管理理念，鼓励员工参与环境管理创新实践，例如推行绿色供应链管理，鼓励供应商采用环保生产方式。或者，根据企业文化，提供有针对性的环境管理培训，提升企业的环境管理能力。对企业文化强调员工参与的企业，开展环境管理工作坊，鼓励员工提出改进建议，例如组织员工参加环境管理培训，提高员工的环境管理能力。

5.4.4.2 基于资本密集度调节效应的大气污染治理突破策略

首先，在技术维度上，建议根据资本密集度，制定差异化的技术研发投入策略，确保技术研发与企业资本状况相匹配。例如，对于资本密集度高的企业，可以增加环保技术的研发投入，采用更先进的减排技术，或引进高效节能设备，以降低能源消耗和减少污染排放。还可以结合企业资本密集度制定差异化的技术更新换代策略，确保技术更新与企业资本状况相匹配。例如，对于资本密集度高的企业，可以定期更换老旧的污染设备，采用更环保的生产技术，或采用环保型原材料和工艺，以减少污染排放。

其次，在制度维度上，建议根据资本密集度，制定差异化的环保制度执行效率策略，确保制度执行与企业资本状况相匹配。例如，对于资本密集度高的企业，可以提高环保制度的执行效率，确保环保措施得到有效实施，或建立高效的环保制度执行机制，确保环保措施得到及时落实。或者，根据资本密集度制定差异化的环保制度激励效果策略，确保制度激励与企业资本状况相匹配。例如，对于资本密集度高的企业，可以提供更多的环保补贴和税收优惠，以鼓励企业加大环保投入，如为实施环保项目的企业提供额外的税收减免。

最后，在管理维度上，建议根据资本密集度，制定差异化的环境管理成本控制策略，确保管理成本与企业资本状况相匹配。例如，对于资本密集度高的企业，可以采用先进的环保管理软件，提高环境管理效率，或实施环境管理信息系统，提高环境管理效率和效果。另外，也可以根据资本密集度，制定差异化的环境管理团队建设策略，确保环境管理团队与企业资本状况相匹配。例如，对于资本密集度高的企业，可以建立专业的环境管理团队，负责企业的大气污染治理工作，或招聘专业的环境管理人才，建立环境管理体系。

通过这些策略的实施，企业可以借助企业文化和资本密集度两个维度的调节，实现技术、制度和管理依赖的突破，使得环境保护更加有效和可持续。

5.5　本章小结

借助子行业联动效应、中介效应和调节效应模型，本章系统揭示了路径依赖影响大气污染排放的作用路径。如果说第 4 章是路径依赖的直接效应分析，则第 5 章就是路径依赖的间接效应解构，两者相结合，形成了路径依赖环境效应的完整机制。根据本章的经验检验结果，给出了相应的治理突破策略，为破解制造业企业大气污染治理的路径依赖问题指明了方向。

需要说明的是，本章提出的相关突破策略，是建立在基准回归效应、子行业联动效应、中介效应和调节效应基础上的，具有较可靠的经验依据。但这并不意味着，上述治理策略放之四海而皆准，因为实践中还要充分考虑其他多种因素，例如宏观环境、企业发展实际、资源禀赋等，而其中首要的还是明确企业当前路径依赖处于何种水平，这关系到现阶段路径依赖具有减排效应还是增排效应，从而判断如何采取合适的联动治理行为、中介变量与调节变量，以实现有效减排。然而，本书的相关结论也表明，制造企业路径依赖现象是动态的、异质的、复杂的和不确定的，要科学研判曲线的拐点，需要实施另外一个课题研究，这也是未来值得攻关的新方向。

另外，本章所提的治理突破策略是来源于经验研究的直接解析，要确保这些策略得到有效执行，还应有充分而有力的保障措施，第 6 章将分别从政府、行业和企业三个层面给出具体的措施建议。

| 第6章 |

制造业大气污染治理路径突破保障措施

第 2 章构建了理论框架，第 3 章定量描述了制造业大气污染治理的现状和低效来源，第 4 章、第 5 章分别进行了技术、制度和管理路径依赖的直接和间接效应分析，并提供了治理突破策略。基于前述理论逻辑和经验结果，本章将进一步提出破解制造业大气污染治理路径依赖的保障措施，以降低污染排放，实现制造业绿色转型和可持续发展。

6.1 国外大气污染治理模式
与经验借鉴

国外有很多大气污染治理的典型模式，如欧盟、美国、英国、日本和加拿大等地的治理政策，其成功经验值得国内制造业借鉴。不过，在运用过程中需要注意结合中国的具体国情和产业特点，进行适当的调整和创新。

6.1.1 欧盟《排污许可证》

关于欧盟《排污许可证》的相关分析，主要借鉴了环境保护部大气污染防治欧洲考察团（2013）[①]、朱源（2017）[②] 等资料。

6.1.1.1 实施过程与主要内容

欧盟的排污许可证制度是一个复杂且全面的体系，其核心在于对工业排放进行严格监管。排污许可证制度最早于 20 世纪 70 年代在西方国家产生和发展，经过长时间探索和实施，形成了一套完整的制度体系。欧盟通过制定和完善《综合污染预防与控制指令》（IPPC），整合七部指令升级为工业排放指令（IED），并且分行业制定了一系列的最佳可行技术（BAT），成为制定排污许可证的条件和确定排放限值的基础。排污许可证制度的主要法律依据包括《综合污染预防与控制指令》和《工业排放指令》（IED）。这些法律文件规定了工业排放的监管框架和标准；框架体系则包括对排污设施发放的工业排污许可证。至 2018 年，欧盟成员国已发放 55000 余张工业排污许可证（裴晓菲等，2021）[③]。与美国相比，欧盟的排污许可证制度是综合性的，而美国则是按照大气和水等不同要素分别管理，分别发放许可证。

根据欧洲环境署的报告，欧盟在大气污染防治中重点关注的污染物

---

① 环境保护部大气污染防治欧洲考察团. 欧盟污染物总量控制历程和排污许可证管理框架 [J]. 环境与可持续发展，2013（5）：8 - 10.

② 朱源. 欧美环评制度改革经验哪些可借鉴？[N]. 中国环境报，2017 - 06 - 13.

③ 裴晓菲，贺蓉，李媛媛. 排污许可证监管框架的制定与实施 [R]. 克莱恩斯欧洲环保协会（ClientEarth），2021 - 06 - 15.

包括：氮氧化物（NO_x）、非甲烷挥发性有机化合物（NMVOC）、氨（NH_3）、二氧化硫（SO_2）和细颗粒物（$PM_{2.5}$）。

6.1.1.2　主要举措与法案特点

欧盟的排污许可证制度主要采取了如下举措：一是综合污染预防与控制指令。这是欧盟排污许可证制度的核心法律依据之一，旨在整合和升级原有的七部指令，形成更全面的工业排放监管框架。二是工业排放指令。这是从 IPPC 指令升级而来的，进一步明确了工业排放的监管要求。三是最佳可行技术。这是欧盟排污许可证制度中的一个重要概念，用于指导工业设施选择最环保的技术来减少污染物的排放。

欧盟的排污许可证制度的独特之处在于：一是综合性，即欧盟的排污许可证制度是一个综合性的体系，涵盖了对大气、水体等多个环境要素的排放管理。二是基于最佳可行技术，即该制度强调在制定排污许可证时应考虑和采用最佳可行技术。三是统一监管框架，即欧盟成员国共同遵守统一的监管框架，确保了政策的一致性和协调性。

6.1.1.3　利弊分析与经验借鉴

欧盟的排污许可证制度具有明显的优势，具体包括：一是全面性。欧盟的排污许可证制度涵盖了多种主要大气污染物，如氮氧化物、非甲烷挥发性有机化合物、氨、二氧化硫和细颗粒物。这种全面的覆盖有助于实现对大气污染的全面控制，从而保护环境和公众健康。二是严格性。基于 IPPC 和 IED 等法律依据，欧盟建立了统一的监管框架。这个框架包括了对工业排放的明确监管要求，确保了政策的一致性和协调性。这有助于提高监管效率，确保企业遵守规定，减少污染物排放。三是指导性。最佳可行技术（BAT）的引入为工业设施提供了明确的技术选择指导。这有助于企业选择最环保的技术来减少污染物的排放，从而实现环保目标。四是灵活性。欧盟的排污许可证制度允许成员国根据本国的实际情况制订和实施空气质量管理计划。这为成员国提供了灵活性，便于根据本国实际情况制定政策措施。

不过，欧盟的排污许可证制度也存在一些局限性，具体表现如下：一是执行难度和成本。实施最佳可行技术可能需要较高的投资成本和时间成本，对于一些企业来说可能存在执行难度。特别是在小型企业和初创企业中，可能面临资金和技术方面的挑战，这可能导致一些企业难以承担实施环保技术的成本。二是监管复杂性。欧盟的排污许可证制度涉及多个环境要素，其监管框架相对复杂，需要较高的监管成本。对于监管机构来说，可能需要投入更多的人力和物力资源来执行和监督这些复杂的政策。三是法律和政策的适应性。随着环境和技术的发展，欧盟的排污许可证制度需要不断更新和调整。这需要时间和资源来更新法律和政策，以确保其与当前的环境和技术条件相适应。四是地区差异性。虽然欧盟成员国共同遵守统一的监管框架，但地区之间仍存在差异，一些成员国可能面临更多的挑战，如资源匮乏、技术落后等，从而影响政策效果。

借鉴欧盟排污许可证制度，国内制造业可以采取以下措施来提高大气污染治理的效率和效果：第一，完善法律法规体系。加强立法工作，制定和修订相关法律法规，确保大气污染防治有法可依，有章可循；借鉴欧盟的立法经验，建立综合性的环境法律体系，明确工业排放的监管要求。第二，建立排污许可证制度。借鉴欧盟的经验，建立综合性的排污许可证制度，涵盖大气、水体等多个环境要素的排放管理；制定统一的监管标准，确保政策的一致性和协调性。第三，强化技术指导和研发。重视最佳可行技术在工业排放控制中的应用，引导企业选择环保的技术和工艺；加强技术研发和创新，推动环保技术的应用和普及。第四，加强监管和执法力度，建立独立的监管机构，负责全国公共环境监管；加强执法力度，对违法行为进行严厉处罚，确保法律法规得到有效执行。第五，推动环保产业的发展。鼓励和支持环保产业的发展，培育环保产业市场，为企业的环保技术研发和应用提供更多选择；加强环保产业的国际合作，引进国外先进的环保技术和经验，提升国内环保产业水平。

6.1.2 美国《清洁空气法》

关于美国《清洁空气法》的相关内容，主要参考了美国环境保护署（EPA）的报告[①]、姜渊（2018）[②] 等资料。

6.1.2.1 实施过程与主要内容

《清洁空气法》及其修正案的简单发展历程如下：

1955 年，颁布《空气污染控制法》，标志着美国空气污染治理的开始。

1963 年，制定《清洁空气法》。

1967 年，出台《空气质量控制法》。

1970 年，通过《清洁空气法》，建立了 EPA 负责全国公共环境监管。

1977 年和 1990 年，《清洁空气法》经历了两次重要修订，进一步完善了法律框架。

该法案遵循国家空气质量标准，由 EPA 制定。涵盖六种主要污染

[①] United States Environmental Protection Agency. The plain English guide to the Clean Air Act [R]. Office of Air Quality Planning and Standards Research Triangle Park，NC，2007. 4.

[②] 姜渊. 美国《清洁空气法》中的环境质量达标制度研究——以联邦与地方的权限为视角 [J]. 中国环境管理，2018，10（4）：122 – 128.

物：二氧化硫、空气颗粒污染物、氮氧化物、一氧化碳、臭氧、铅。治理内容广泛，包括固定污染源（如工业企业）和移动污染源（如交通工具和施工设备）。并针对酸雨实施了二氧化硫和氮氧化物的治理措施。

6.1.2.2 主要举措与法案特点

为推动法案的实施，EPA 采取了以下举措：设立独立机构进行全国公共环境监管；地方政府独立制订和实施空气质量管理计划；新源控制原则，即新建和置换产能须通过排放分析获得行政许可；建立排污权交易体系等。

由此形成该法案的鲜明特点，即强调独立机构的作用；地方政府在执行中享有独立实施的自由；治理内容涵盖范围广；秉持新源控制原则，实现由末端治理向预防治理的转变。

6.1.2.3 利弊分析与经验借鉴

该法案具有明显的优势，主要包括：（1）强制性。通过《清洁空气法》，美国建立了严格的环境空气质量标准和污染源排放标准，为全国范围内的空气质量管理提供了统一的标准和框架。（2）独立性。该法案允许地方政府根据本地的实际情况制订和实施空气质量管理计划，这有助于更有效地针对本地的污染问题进行治理。（3）广泛性。《清洁空气法》的治理内容涵盖了固定污染源和移动污染源，包括工业企业、交通工具和施工设备等，从而实现了对多种污染源的有效治理。（4）预防性。该法案实施了新源控制原则，即新建和置换产能须通过排放分析获得行政许可，这有助于预防新的污染源产生。（5）灵活性。通过市场机制激励企业减少排放，提高资源配置效率。

不过，该法案也存在局限性，主要表现在：一是执行难度和成本问题。虽然《清洁空气法》在理论和实践上取得了显著成就，但在实际执行过程中仍面临一定的难度和成本问题。例如，要求较大的固定污染源采用最佳可用改进技术以控制其排放，这可能需要较高的投资成本和时间成本。二是技术限制。在某些情况下，可能存在技术上的限制，使得某些污染物的治理难以达到法律规定的标准。例如，对于某些难以捕捉和测量的污染物，如微小颗粒物，治理技术的研发和应用还需要进一步的突破。

总体来看，美国《清洁空气法》为国内制造业大气污染治理提供了一定借鉴：第一，重视颗粒物、能见度的管理控制。可以借鉴美国《清洁空气法》中对颗粒物和能见度管理的重视，加强对这些污染物的控制，走清洁发展之路。第二，地方政府对本地空气质量负责。可以借鉴美国的地方政府独立制订和实施空气质量管理计划的做法，赋予地方政府更多的环境管理权限。第三，实行区域颗粒物污染控制。可以学习美国的区域霾条例，实施区域性的大气污染治理，加强区域间的合作与协调。

6.1.3 英国《清洁空气法》

关于英国《清洁空气法》的相关介绍，主要根据朗赫斯特等（Longhurst et al.，2016）[①]、崔财周（2018）[②] 等资料整理而得。

6.1.3.1 实施过程与主要内容

英国在大气污染治理方面采取了多项法案和制度，例如《清洁空气

[①] Longhurst, J W S, Barnes, J H, Chatterton, T J, et al. Progress with air quality management in the 60 years since the UK clean Air Act, 1956. Lessons, failures, challenges and opportunities [J]. International Journal of Sustainable Development and Planning, 2016, 11 (4)：491 –499.

[②] 崔财周. 英国 1956 年《清洁空气法案》研究 [D]. 郑州：河南大学，2018.

法》《制碱工厂法》《污染控制法》等。其中，《清洁空气法》是英国防治大气污染最重要的法律之一。它包括 1956 年的《清洁空气法》和 1968 年修改后颁布的版本。《清洁空气法》的主要内容包括禁止排放黑烟、指定无烟区、防治煤烟和规定烟囱的高度等。这些措施旨在控制从房屋、工厂等烟囱排放的黑烟，以及通过技术手段降低烟尘污染。1968 年英国政府对《清洁空气法》进行了修订和扩充，对锅炉颗粒物和烟尘排放限值，要求地方政府重新设立新的烟尘控制区。1993 年又重新修订了《清洁空气法》。

《清洁空气法》主要关注的是由工业化和城市化带来的空气污染物，特别是煤炭燃烧产生的颗粒物和烟尘。这些污染物对空气质量产生了严重影响，特别是在伦敦等城市，导致了一系列严重的雾霾事件。该法案与其他法案共同作用，有效控制了污染蔓延。例如，伦敦的雾霾天数从每年几十天减少到 1975 年的 15 天，到了 1980 年只有 5 天。①

6.1.3.2 主要举措与法案特点

英国《清洁空气法》采取了以下举措：一是电厂搬迁和烟囱改造。法案要求内城电厂关闭，只能在外城重建，并强制企业建造高大的烟囱以疏散空气污染物。二是炉灶改造和能源替代。法案要求改造居民传统的炉灶，逐步减少煤炭使用量，实现全民天然气化，并推广冬季城市集中供暖。三是设立无烟区。法案规定了无烟区的设立，以减少特定区域的空气污染。四是机动车燃料和尾气控制。随着私家车数量的增加，交通污染成为主要污染源，因此英国政府陆续出台或修订了一系列法案，如《汽车燃料法》《空气质量标准》《道路车辆监管法》等，以控制机动车带来的污染。

---

① 田德文. 伦敦治霾的启示［EB/OL］. 中国共产党新闻网，http://cpc. people. com. cn/pinglun/n/2013/0225/c78779 - 20585814. html，2023 - 02 - 25.

不同于美国的《清洁空气法》，作为世界上第一部针对大气污染的法律，英国《清洁空气法》的颁布标志着英国在大气污染治理方面的早期立法努力，具有如下特点：一是不断完善。随着时间的推移，英国政府对《清洁空气法》进行了多次修订和扩充，以应对不断变化的环境挑战。二是综合管理。法案的实施不仅关注单一污染物或单一行业，更是采取了综合性的管理措施，包括对电厂、居民炉灶、机动车燃料和尾气等多个方面的控制。三是强调应用。法案强调使用最佳可行技术来减少污染物的排放，如推广使用天然气和加装催化器以减少氮氧化物污染。

6.1.3.3 利弊分析与经验借鉴

英国《清洁空气法》在大气污染治理方面具有以下优势：（1）开创性。作为世界上首部针对大气污染的法律，英国《清洁空气法》开创了大气污染治理的先河。它不仅为英国本身提供了法律依据和指导，也为其他国家提供了立法的参考和借鉴。（2）持续性。英国政府对《清洁空气法》进行了多次修订，确保法律能够适应新的环境需求，体现了对环境问题的重视和对立法的不断完善。（3）综合性。法案采取了对电厂、居民炉灶、机动车燃料和尾气等多个方面的综合管理措施，体现了大气污染治理的系统性。这种综合性管理有助于全面控制和减少大气污染，提高治理效果。（4）应用性。法案强调使用最佳可行技术来减少污染物的排放，如推广使用天然气和加装催化器以减少氮氧化物污染。这种对技术的重视有助于推动环保技术的应用和普及，从而提高治理效率。

英国《清洁空气法》在大气污染治理方面也存在一些局限性，包括：一是实施难度大。法案的实施可能面临一定的执行难度，特别是在改造传统炉灶和推广新能源技术方面。这可能需要较长的时间和资源，以及公众和企业的积极参与和配合。二是成本问题。一些措施，如电厂搬迁和烟囱改造等，需要较高的投资成本。对于企业而言，可能需要承担较大的经济负担。因此，如何在成本和效益之间取得平衡，是实施过程中需要考虑的重要问题。三是监管挑战。随着技术的发展和环境的变化，监管机构可能需要投入更多资源来执行和监督这些复杂的政策。这包括对新技术的监管、对污染物排放的实时监控等方面。因此，监管机构的职责和能力建设也是实施过程中需要重点关注的问题。

尽管如此，英国《清洁空气法》仍有许多经验值得国内制造业借鉴，具体包括：第一，重视地方治理。英国《清洁空气法》的实施强调了地方治理的重要性。国内制造业可以借鉴这一点，特别是在城市和区域层面上，实施针对当地环境特点和污染源的定制化治理措施。例如，根据不同地区的产业结构和污染源，制定相应的排放标准和治理策略。第二，反思历史经验。英国在大气污染治理方面的历史经验，特别是伦敦烟雾事件，提供了对工业发展与环境污染之间关系的深刻反思。国内制造业可以从中学习到，环境保护和可持续发展是工业化进程中不可或缺的一部分，需要从战略高度进行规划和实施。第三，注重公众参与。英国在大气污染治理过程中，强调了公众参与和意识提升的重要性。国内制造业可以从中得到启示，通过公众教育和参与，提高企业员工和社会公众对环境保护的认识，从而形成全社会共同参与大气污染治理的良好氛围。

6.1.4　日本《大气污染防治法》

本小节对日本《大气污染防治法》的相关介绍，主要来源于丁红卫（2021）[①]、任晓灵等（2023）[②] 等资料。

---

① 丁红卫. 低碳环保型社会（日本经验与镜鉴）[M]. 北京：社会科学文献出版社，2021.
② 任晓灵，李海青，李剑颖，等. 日本恶臭排放标准体系研究及对中国的借鉴 [J]. 中国环境管理，2023，15（1）：110 - 118.

6.1.4.1 实施过程与主要内容

日本的大气污染治理依靠一系列的法案和法律，其中最重要的是《大气污染防治法》，此外还有《环境基本法》《汽车尾气排放法》以及二噁英治理等相关政策。这些法律和政策共同构成了日本大气污染治理的法律体系，为环境治理提供了保障，并约束了违法行为。《大气污染防治法》于1968年制定，旨在保护大气环境、确保国民健康和生活环境。随着日本经济的高速发展，特别是在20世纪60年代，石油企业等排放的煤烟和汽车尾气导致大气污染日益严重，因此该法案应运而生。每当出现新的大气污染问题时，日本都会对该法案进行修订。

日本《大气污染防治法》主要涵盖的污染物类型主要包括：

煤烟：法案对产生煤烟的设施进行了规制，包括工厂企业等。

挥发性有机化合物：排放挥发性有机化合物的设施也在法案的规制范围内。

普通粉尘：产生普通粉尘的设施同样受到法案的规制。

特定粉尘（如石棉）：产生特定粉尘（如石棉）的设施也在法案的规制对象之列。

汽车尾气：日本还针对汽车尾气排放出台了专门的法律，包括氮氧化物和颗粒物等。

6.1.4.2 主要举措与法案特点

《大气污染防治法》对排放大气污染物质的工厂企业进行了规制，具体规制对象包括产生煤烟的设施、排放挥发性有机化合物的设施、产生普通粉尘的设施、产生特定粉尘（如石棉）的设施以及与石棉有关的作业现场。对于这些设施或作业，必须事先向都道府县知事进行申报。此外，法案还对煤烟排放进行了四级限制，对超过一定规模的设施要求将排出口（烟囱）排出的煤烟浓度控制在标准值以下。标准值根据设施的种类和规模作了具体规定。此外，日本还针对非道路车辆的尾气排放出台了法律，以进一步遏制氮氧化物和颗粒物排放。2003 年东京还推出了针对 $PM_{2.5}$ 及其以下颗粒物的严格法令，其严格程度甚至超过欧美标准。日本在大气污染治理方面的努力取得了显著成效。

日本《大气污染防治法》的主要特点包括以下三个方面：第一，全面规制。该法案旨在保护大气环境，并确保国民的健康和良好的生活环境，对排放大气污染物质的工厂企业进行了全面规制。具体涵盖了以下五类设施和作业场所：一是排放煤烟的工厂；二是释放挥发性有机化合物的设施；三是制造普通粉尘的设备；四是有害特定粉尘（例如石棉）的产生地；五是涉及石棉材料处理的相关工作环境。第二，分级限制。法案对煤烟排放进行了四级限制，对超过一定规模的设施要求将排出口（烟囱）排出的煤烟浓度控制在标准值以下。这些标准值根据设施的种类和规模作了具体规定，显示出法案的灵活性和针对性。第三，地方自治。法案允许地方政府根据本地的实际情况制定和实施更严格的排放标准，体现了地方自治的原则。

6.1.4.3　利弊分析与经验借鉴

日本《大气污染防治法》的主要优势在于：（1）分层性。煤烟排放四级限制确保了不同规模和类型的设施都能够符合相应的环保要求，从而有效控制大气污染。（2）广泛性。法案不仅规制了煤烟，还包括排放挥发性有机化合物、普通粉尘、特定粉尘（如石棉）的设施，以及与石棉有关的作业现场。这种全面的规制确保了不同类型的污染物都能够得到有效控制，从而全面改善大气环境。（3）适应性。法案允许地方政府根据本地的实际情况制定和实施更严格的排放标准，使得法案能够更好地适应不同地区的环境特点和污染问题，提高了治理的针对性和有效性。(4)有效性。这些措施使日本的大气污染得到了有效控制，城市环境质量得到了显著改善。例如，川崎市从曾经的重污染城市转变为环境优美的城市，成为环境治理的典范。

日本《大气污染防治法》为国内制造业大气污染治理提供了以下经验借鉴：第一，完善环境法制和明确政府职责。日本的环境治理经验强调了环境法制的重要性，以及政府在环境治理中的主导作用。国内制造业可以借鉴这一点，通过完善相关法律法规，明确政府在大气污染治理中的职责，确保有法可依，有章可循。第二，实施环境教育策略，提升环保意识。日本政府通过环境教育提升国民及各类社会主体的环保意识。可以借鉴这一做法，通过环保教育和培训，提高企业员工和公众的环保意识，形成全社会共同参与大气污染治理的良好氛围。第三，鼓励社会公众监督，强化企业社会责任。日本政府鼓励全社会参与环境保护工作，强化企业的环保责任。可以借鉴这一做法，通过公众监督和舆论压力，促使企业履行环保责任，减少污染排放。第四，积极参与和推动全球环境保护事业。日本政府重视参与全球环保事业，积极推广环保经验和理念。可以借鉴这一做法，通过参与国际合作和交流，学习借鉴国际先进的环保技术和经验，推动自身的绿色转型和可持续发展。

6.1.5 加拿大《清洁空气法案》

以下关于加拿大《清洁空气法案的》的基本观点，主要参考了加拿大环保局（CEPA）的相关报告[①]和阿尔迪等（Aldy et al.，2022）[②]的

---

① Environmental Protection Service (Canada). Canada's Clean Air Act [M]. Ontario：Environment Canada, 2006.

② Aldy J E, Auffhammer M, Cropper M, et al. Looking Back at 50 Years of the Clean Air Act [J]. Journal of Economic Literature, 2022, 60 (1)：179–232.

相关资料。

6.1.5.1 实施过程与主要内容

加拿大的大气污染治理依靠一系列的政策和制度。其中，最重要的法律是 1971 年签署的《清洁空气法案》。这部法律赋予了中央政府启动与空气污染评估相关的计划、确定空气质量目标并制定与污染源相关的标准的权力。

该法案的主要内容包括：一是制定环境空气质量规则。法案为中央政府提供了制定环境空气质量规则的权力，确保全国范围内的空气质量标准一致。二是确定空气质量目标。根据法案，中央政府负责确定全国范围内的空气质量目标，这些目标旨在保护公共健康和环境。三是制定污染源相关排放标准。法案允许中央政府为不同类型的污染源制定排放标准，以减少对大气的污染。此外，省级政府根据联邦政府的指导，制定本地区的空气质量标准，并实施相关的治理措施。地方政府在执行中发挥着重要作用，它们根据国家的相关政策，经常制定地方性的环保规则和目标，以确保空气质量的持续改善。

加拿大《清洁空气法案》涵盖的主要污染物包括二氧化硫（SO_2）、总悬浮颗粒物（TSP）等。这些污染物在加拿大雾霾污染的监管与管理中扮演着重要角色。例如，二氧化硫的年均浓度限制为 11ppb，24 小时最大可接受水平为 57ppb，而 1 小时最大可容忍水平为 172ppb。这些限制有助于控制和减少大气污染，保护环境和公共健康。

6.1.5.2 主要举措与法案特点

加拿大《清洁空气法案》的主要举措涵盖了减排目标、交通、建筑、工业和能源等多个领域：一是减排目标与投资。政府制订了明确的减排目标和投资计划，包括对碳定价、清洁燃料、建筑、交通、工业和农业等领域的投资，以实现 2030 年减排 40% ~ 45% 的目标。二是交通领域的措施。政府投资于电动汽车充电基础设施，提供财政支持以促进零排放车辆的普及，并制定销售要求以促进清洁的中型和重型交通项目。三是建筑和家居领域的措施。政府制定了一个到 2050 年实现净零排放的国家建筑规划，并支持采用高级别的建筑规范、社区规模的改造试点工程以及大型建筑的深度能源改造。四是工业领域的措施。政府投资于清洁技术和燃料，如碳捕获、利用和储存，以使工业更加清洁并具有竞争力。五是电网的清洁化。政府制定了一个受监管的"清洁电力标准"，对清洁能源项目进行额外投资，并与各省和地区合作，使加拿大的电网在 2035 年前实现净零排放。

上述举措使得加拿大《清洁空气法案》具备了一些独特之处：一是综合性立法。CEPA 是一部综合性的大气污染治理法律，旨在通过制定环境空气质量规则、确定空气质量目标，以及为污染源制定相关标准来控制和减少大气污染。二是权力下放与省级实施。该法案赋予了中央政府启动与空气污染评估相关的计划、确定空气质量目标并制定与污染源相关的标准的权力。随后，省级政府根据这些指导方针制定本地区的空气质量标准，并实施相关的治理措施。三是地方政府的参与。地方政府在执行中发挥着重要作用，经常制定地方性环保规则和目标，以确保空气质量的改善。四是持续的监管与更新。随着环境的变化和新的污染问题的出现，加拿大政府不断对该法案进行修订和更新，以适应新的挑战和环境需求。

6.1.5.3 利弊分析与经验借鉴

加拿大《清洁空气法案》的主要优势体现在以下四个方面：（1）大规模性。加拿大政府发布了《2030 年减排计划：关于加拿大清洁空气和强劲经济计划的下一步行动》，计划投入 72 亿美元，通过 12 项举措，在 2030 年前实现减排 40% ~ 45% 的目标。这表明了加拿大在应对气候变化和改善空气质量方面的雄心壮志。（2）综合性。该计划涵盖了电力、石油和天然气等多个行业，旨在通过碳定价和清洁燃料等措施，推动这些行业的减排。此外，政府还计划投资 91 亿加元用于新能源产业，包括对零排放汽车的鼓励措施和对采用碳捕获、利用和储存技术的化石燃料行业的税收优惠。（3）侧重性。加拿大温室气体排放最多的行业是石油和天然气行业。根据减排计划，政府希望在 2030 年将这个行业的温室气体排放量减少到 110 兆吨，这是实现减排目标的关键一步。（4）参与性。地方政府经常制定与国家相关的航空规则和目标，以确保空气质量的改善。此外，在制定《2030 年减排计划》时，加拿大政府听取了 3 万多名加拿大人的意见，体现了气候行动的广泛社会支持。

尽管加拿大《清洁空气法案》在应对气候变化和改善空气质量方面取得了显著的成效，但同时也存在一些局限性：一是执行挑战。减排目标的实现依赖于有效的政策执行。在实际操作中，常常遇到执行难度和成本问题，尤其是在改变现有能源结构和技术升级方面。二是地区差异性。加拿大是一个地域辽阔的国家，不同地区的气候、工业结构和人口密度等差异较大。因此，在全国范围内实施统一的环境政策可能会遇到挑战，特别是在偏远地区和资源型社区。三是国际合作与协调复杂。气候变化和空气污染是全球性问题，需要国际社会的共同努力和协调。尽管加拿大在某些国际平台上扮演了积极角色，但国际合作的不确定性和复杂性可能会影响其政策的有效性和效率。四是经济影响不容忽视。环境政策的实施可能会对某些行业和地区经济产生影响。例如，减少化石燃料的使用和推广清洁能源可能会影响依赖传统能源的经济部门。政府需要在环境保护和经济可持续性之间找到平衡。

综合来看，加拿大《清洁空气法案》为国内制造业大气污染治理提供了以下借鉴：（1）政府间合作平台和可持续发展战略。加拿大通过建立有效的政府间合作平台，实施可持续发展战略和加拿大环境议程等规划，形成了资源与环境管理的鲜明特点。这为国内制造业提供了借鉴，特别是在政府间合作和可持续发展战略的制定和实施方面。（2）清洁技术的发展。加拿大清洁技术行业涵盖多个领域，如生物燃料与冶炼、发电、智能电网、绿色建筑、工业节能等，被称为加拿大 21 世纪第一新型产业。这些技术的发展和应用为制造业提供了可借鉴的经验，特别是在提高能效和采用低碳技术方面。（3）空气质量管理体系。加拿大空气质量管理体系为加拿大各级政府通过协商达成空气污染治理的共识提供了制度条件。国内制造业可以借鉴这种政府间合作和协商机制，以更有效地治理大气污染。（4）重视中小企业的角色。加拿大的清洁技术行业以中小企业为主，这些企业在清洁技术研发和应用中扮演着重要角色。鼓励和支持中小企业在这一领域的发展，有助于促进更多创新和技术应用。

6.2　国内制造业大气污染治理保障措施

6.2.1　政府层面的保障举措

6.2.1.1　政策治理的理论依据

以下理论为政府层面采取保障措施助力制造业大气污染治理提供了充分的依据。

一是公共政策理论。政府应制定并执行有效的大气污染治理政策，以引导和规范企业行为，减少污染排放。例如，政府可以通过制定严格的排放标准和惩罚措施，以及提供环保补贴和税收优惠，来引导企业采取环保措施。

二是制度经济学理论。有效的制度设计可以激励企业采取环保行为，从而减少污染排放。例如，政府可以通过设立环保专项资金、提供环保补贴和税收优惠等制度安排，激励企业实施减排措施。

三是资源基础观理论。政府通过提供环保资金支持和补贴，可以优化资源配置，促进企业的环保技术研发和应用。例如，政府可以通过设立环保专项资金，为企业提供环保技术研发和应用的资金支持。

四是合作治理理论。政府与企业之间的合作可以共同解决环境问题，实现可持续发展。例如，政府与企业共同参与环保项目的研发和实施，共享环保成果。

五是可持续发展理论。环境保护和经济发展是相辅相成的，政府应采取措施促进两者之间的平衡。例如，政府可以通过推动环保产业的发展，实现环境保护与经济发展的双赢。

六是治理理论。政府应加强对企业的监管和执法力度，确保环保法规得到有效执行。例如，政府可以通过建立环保监管机构，加强对企业环保行为的监督和管理。

上述分析表明，政府环境政策能够助推相关突破策略的顺利实施，从而促进制造业大气污染治理的进步。

6.2.1.2 政策治理的主要举措

政府治理方面有很多成功的先例。例如，前文提到的美国环保署（EPA）依据 1970 年《清洁空气法案》（*Clean Air Act*）制定了一系列排放标准，包括对二氧化硫、氮氧化物、颗粒物等污染物排放的限制，这些标准促进了环保技术的研发和应用，降低了大气污染排放。德国政府于 2000 年通过了《可再生能源法》（*Erneuerbare-Energien-Gesetz*，EEG），为可再生能源的发展提供了强有力的支持，包括补贴和优先购买权，从而推动了风能和太阳能等清洁能源技术的大规模应用，有效减少了对化石燃料的依赖和污染排放等，无不体现了政府在大气污染治理方面的主导性。为此，借鉴国外经验，结合制造业实际情况，建议采取以下主要保障措施。

（1）制定和完善环保法规。

相关决策部门可根据不同子行业的污染特征和治理需求，制定差异化的环保法规和政策。确保法规既具有约束力，又能够激发企业的治污积极性。例如，对重污染行业设定更严格的排放标准和惩罚措施；对低污染行业，提供更多的环保补贴和税收优惠。

（2）定期评估和更新环保法规。

相关决策部门可建立环保法规的定期评估机制，及时更新和完善法规，以适应环境变化和企业发展需求。例如，每隔一定周期（如两年）对现有环保法规进行一次全面评估，根据评估结果进行修订和更新。

（3）构建智慧环保监管体系。

为提升环保监管效能，建议充分利用数字化和智能技术，构建一套智慧环保监管体系。例如，部署包含先进环境监测传感器和无人机技术的智能监测网络，建立环保大数据分析中心以整合多源数据，开发云端执法记录系统和辅助系统，鼓励民众通过移动应用等数字渠道参与环保监管等。

（4）环保投资激励机制创新。

政府应创新环保投资激励机制，为企业提供更多元化的资金支持。例如，鼓励金融机构进行绿色金融产品创新，支持和引导企业发行绿色企业债券，借助科技金融服务平台促进环保科技成果的转化和应用，推进碳权、排污权等环境权益交易市场发展，以及为投资绿色金融产品的投资者提供税收优惠等。通过这些措施，可以有效促进环保技术的创新和应用，为可持续发展提供资金保障。

（5）推动环保产业的发展。

相关机构应鼓励和支持环保产业的发展，培育环保产业市场，为企业的环保技术研发和应用提供更多选择。还可以加强环保产业的国际合作，如举办国际环保产业博览会，引进国外先进的环保技术和经验，提升国内环保产业水平。

6.2.2　行业层面的保障举措

6.2.2.1　行业治理的理论依据

行业层面的保障措施助力制造业大气污染治理的理论依据主要有以下五点。

一是网络外部性理论。随着使用某种产品或服务的用户数量增加，该产品或服务对每个用户的价值也会增加。在制造业大气污染治理中，行业内的企业通过合作，可以共享研发成本，提高环保技术的研发效率，同时扩大环保技术的应用范围，降低每个企业单独承担的成本。这种合作还可以促进企业之间的信息交流和资源共享，进一步提高研发效率。

二是行业自律理论。行业内部的企业通过制定自律规范和标准，可以达成共识，推动环保实践的实施。这种共识有助于形成行业内的环保压力，促使企业采取环保措施。此外，行业自律也可以促进企业之间的相互监督，确保环保措施的落实。

三是生态位理论。在制造业大气污染治理中，通过分工合作，不同企业可以专注于环保技术的研发和应用的不同环节，从而实现资源的最优配置和利用，提高环保技术的研发和应用效率。这种分工合作还可以促进企业之间的技术创新和知识共享，进一步提高环保技术的研发和应用效率。

四是协同效应理论。在制造业大气污染治理中，行业内的企业通过合作，可以实现协同效应，共同推动环保技术的研发和应用，提高整体的环境治理效果。此外，也可以促进企业之间的信息交流和资源共享，进一步提高环保技术的研发和应用效率。

五是行业生命周期理论。在制造业大气污染治理中，行业内的企业可以通过创新和转型，开发和应用新的环保技术，推动行业的可持续发展。这有助于实现长期的环保目标，同时提高企业的竞争力和可持续发展能力。

6.2.2.2 行业治理的主要举措

行业治理的典型案例也很丰富。例如，欧洲汽车行业遵循严格的排放标准，通过技术创新和生产流程优化，实现了汽车尾气排放的大幅减少，促进了环保型汽车的普及。又如，纺织行业 1992 年通过的一项国际标准 Oeko-Tex Standard 100 认证，要求纺织品在生产过程中不使用有害物质，如重金属、有机氯化合物等。这个标准推动了纺织行业采用环保的生产技术和材料，减少了对环境的负面影响。结合国内实际，行业层面可以采取如下治理措施。

（1）建立行业自律机制。

首先，制定行业环保规范。由行业协会或商会牵头，制定行业内的环保规范和行为准则，鼓励企业遵守并执行。例如，汽车行业协会可以制定行业内的排放标准，鼓励企业采用更环保的技术和材料。

其次，开展行业环保竞赛。组织行业内的环保竞赛，鼓励企业展示其在环保方面的成就和创新。例如，电子制造业可以开展环保技术创新竞赛，奖励在减少电子废物和能源消耗方面表现突出的企业。

（2）推动行业间技术合作。

首先，建立行业技术联盟。鼓励不同行业的企业建立技术联盟，共同研发和推广环保技术。例如，化工行业和电子行业可以建立技术联盟，共同开发可降解的电子元件材料，减少电子垃圾对环境的影响。

其次，组织行业技术交流活动。定期举办行业技术交流活动，促进企业间的技术交流和合作。例如，纺织行业可以定期举办技术交流会议，分享环保染料和助剂的研发经验。

（3）提升行业环保管理水平。

首先，推广环境管理体系标准。鼓励企业采用国际或国内认可的环境管理体系标准，如 ISO 14001。组织行业研讨会，邀请在环境管理方面表现突出的企业分享经验，介绍如何通过改进生产流程减少废物产生等。

其次，提供行业环保培训。开展环保培训课程，提高企业管理层的环境意识和环保管理水平，教授企业如何进行环境风险评估、如何制定和实施环保战略等。

6.2.3 企业层面的保障举措

6.2.3.1 企业治理的理论依据

企业层面的保障措施助力制造业大气污染治理的理论依据主要有以下五点。

一是企业社会责任理论。企业应将其环境管理纳入整体社会责任战略中，通过减少污染排放、提高资源利用效率和推动循环经济，展示其对可持续发展的承诺。例如，企业可以设立专门的环境管理部门，负责制订和执行环境管理计划，并通过定期报告和第三方认证展示其环境绩效。

二是企业核心竞争力理论。企业应通过实施环保措施，提高资源利用效率，减少环境污染，同时关注社会效益和经济效益，实现可持续发展。例如，企业可以投资研发绿色生产工艺，提高产品环保性能，并将其作为市场推广的卖点，从而在市场上获得竞争优势。

三是企业战略管理理论。企业应制定长期的环境战略规划，确保环境管理与企业整体战略目标一致，并定期评估和调整环境管理计划。例如，企业可以定期进行环境影响评估，并根据评估结果调整生产流程和运营模式，以实现更低的能耗和更少的排放。

四是企业环境管理理论。根据该理论，企业应建立环境管理体系，包括环境目标、指标、行动计划和监测机制，以系统地管理和减少环境影响。例如，实施 ISO 14001 环境管理体系认证，建立环境管理团队，并制定环境政策和程序，以确保合规性和持续改进。

五是企业组织学习理论。通过定期的环保培训和知识分享，提高员工对环境问题的认识和解决问题的能力，能够推动企业不断进步和发展。例如，可以组织环保知识研讨会，邀请外部专家分享最新的环保技术和实践，并鼓励员工提出创新的环境管理解决方案，以促进企业的持续学习和创新。

6.2.3.2 企业治理的主要举措

世界上有很多知名的制造企业塑造了大气污染治理的典范。早在 1997 年，丰田汽车公司通过推广混合动力技术，减少了车辆的燃油消耗和尾气排放。普锐斯混合动力车自发布以来，已成为环保汽车的代表，推动了整个汽车行业的环保技术进步。又如，通用电气（GE）2005 年启动了绿色创想计划，旨在通过技术创新减少环境影响，同时创造商业价值。该计划推动了多个环保技术的研发和商业化，如高效的燃气轮机和风力发电设备。

借鉴已有的成功经验,建议国内制造企业采取如下治理措施。

(1)强化企业环保责任。

首先,实施环保战略规划。设立环保管理部门,制定并实施企业环保战略规划,明确企业在大气污染治理方面的目标和措施。其次,开展环保培训与宣传活动。环保培训和宣传活动有助于提高员工对环保重要性的认识和环保技能。可以定期举办环保知识讲座和培训课程,提高员工的环境意识和技能。

(2)优化企业资源配置。

首先,优化环保投资决策。对环保项目进行成本效益分析,确保环保投资与企业发展战略相匹配,且能够带来经济效益。其次,优化绿色供应链管理。建立绿色供应链管理体系,从原材料采购到产品销售全流程实现环保。与供应商合作,共同推动环保材料的采购和使用。

(3)提高企业环境管理能力。

首先,进行环境风险评估与控制。开展环境风险评估,制定环境风险控制措施,确保企业环保风险得到有效控制。其次,鼓励环保技术创新与研发。设立企业环保技术研发中心,提高环保技术创新和研发力度,推动环保技术的应用和普及。

值得注意的是,上述举措在不同时期、不同子行业要因时制宜、因地制宜,即实施差异化治理;要区分企业技术、制度和管理依赖的具体形式、程度,考虑多重路径依赖的交互作用,多措并举,以确保大气污染排放的有效治理。

6.3 本章小结

首先,以欧盟、美国、英国、日本和加拿大为例,回顾国外大气污染治理的典型模式，简要介绍其主要内容、特点、优势与不足，指出可供国内制造业借鉴的经验。其次，立足于不同治理主体，分别从宏观（政府）、中观（行业）和微观（企业）三个层面，分析了相关主体参与大气污染治理的理论依据，并给出路径依赖突破策略的保障措施。总体来看，这些措施建议既有异质性，又有协同性，共同构成了制造业大气污染治理策略的独特性。

第7章

总结与展望

7.1　主要结论

本书立足环境经济学、制度经济学和可持续发展等理论，将大气污染治理的技术、制度和管理依赖纳入同一框架，奠定了经验研究的理论基础。基于该框架，选择制造业 1884 家上市企业 2009～2021 年的数据为样本，借助固定效应回归模型，分析路径依赖对大气污染排放的作用机制，并提出治理路径的突破策略和保障措施。关键结论如下所述。

（1）制造业大气污染排放与治理特征。

从排放水平看，2011～2021 年，制造业主要大气污染物排放量（总量和均值）呈下降趋势，其中全行业二氧化硫排放量降速明显。在 29 个细分子行业中，黑色金属、非金属矿物、有色金属等子行业的二氧化硫排放量远高于其他行业，这与子行业的生产工艺、污染控制技术、产业规模、政策监管和产业结构等因素密切相关。从治理投入看，2010 年以来决策部门出台了大量与制造业大气污染治理相关的政策制度，企业微观治理投入在"十三五"之后也快速上升。从治理效率看，基于非期望产出超效率 SBM 模型的测算结果显示，制造业大气污染治理效率总体是上升的，且高排放行业的治理效率进步明显。

（2）制造业大气污染治理路径依赖效应。

基于文本分析的词典法测算制造企业的路径依赖水平发现，样本期内技术和制度依赖上升趋势平缓，而管理依赖增速较快。分子行业来看，技术依赖差异较大，而制度依赖和管理依赖则较为接近。运用时间和个体双固定效应进行基准回归，结果显示，制造业大气污染治理中存在显著的技术依赖、制度依赖和管理依赖效应，具体表现为短期内路径依赖可以促进大气污染减排，但若过度依赖某种路径进行污染治理，一旦越过"U"形曲线底部的拐点，路径依赖度的上升将明显加剧污染排放。进一步地，制造业大气污染治理中还存在多重路径依赖现象，即当模型中加入三种路径依赖的交互项后发现，随着多重依赖的增强，大气污染排放量会先减少，其后当组合依赖过度则会加剧污染排放。经替换被解释变量、缩尾异常值或极端值、分样本回归以及考虑内生性问题等稳健性检验后，上述结论依然成立。进一步地，异质性分析表明，路径依赖效应在非国有控股企业组、高成熟度组和低投资规模组中表现更为突出。

（3）制造业大气污染治理突破策略与保障措施。

分别构建子行业联动效应、中介效应和调节效应模型，回归结果表明：第一，在联动效应上，子行业间技术和管理依赖联动均显著减少了大气污染排放，但制度依赖联动没有通过显著性检验。技术层面上，建议通过技术协同创新和技术转移等途径实施路径突破；制度层面上，建议借助差异化环保政策和跨部门协调等机制提升治理效果；管理层面上，则建议运用环境管理体系标准认证与培训咨询等强化污染治理。第二，在中介效应上，技术依赖通过降低技术适应性间接降低了大气污染排放，制度依赖通过提高制度执行力间接促进了减排，管理依赖则通过提高管理开放度间接减少了大气污染排放。建议相机采取治理策略，发挥中介变量在路径依赖减排中的间接作用。第三，在调节效应上，企业文化负向调节技术依赖的环境效应，即董事长与总经理兼任弱化了技术依赖对大气污染的负效应；资本密集度的调节方向刚好相反，在资本密集度较高的企业和行业中，技术依赖的大气污染减排效应更为显著。因此，突破策略应当聚焦于合理谋划企业文化和资本密集度，实现路径依赖的良性治理效果。

最后，结合国外典型治理模式和国内发展实际，从政府、行业和企业层面，给出有效推进制造业大气污染治理突破策略的保障措施。

7.2 研究展望

本书在制造业大气污染治理路径依赖的理论框架和经验机制方面取得了一些重要成果，并为路径依赖的突破策略分析提供了有益视角。然而，研究中仍存在一定的局限性，需要未来进一步探索和深化。

首先，在研究方法上，本书采用制造业 1884 家上市企业为样本，分析路径依赖对大气污染排放的直接效应和作用机制。由于企业尺度的数据量太大、计算过程复杂，且数据存在较多缺失，未能测算微观（企业）层面的大气污染治理效率，被解释变量最终采用的是工业二氧化硫排放量。对此，本书做了两点补救：一是在第 3 章的现状描述部分，安排了制造业行业尺度的大气污染治理效率分析，帮助读者了解中观层面的治理水平；二是在稳健性部分，使用了另外三种污染排放量替换被解释变量，并验证了结论的可靠性。尽管如此，未来仍然希望能够设法克服数据获取和计算上的困难，聚焦治理效率开展更加深入的研究，以期获得更为准确和全面的实证结果。

其次，在研究对象上，本书虽然揭示了路径依赖对大气污染排放的直接效应和作用机制，但并未进一步估算路径依赖效应曲线的拐点。考虑到制造业细分子行业以及企业在多个维度上的异质性，仅借助传统的门槛回归等手段难以准确研判路径依赖效应曲线的拐点，需要未来借助新的课题给出科学的、有说服力的答案。这将为制造业大气污染治理路径依赖的研究提供更为深入的启发和指导。

最后，制造业大气污染治理不应局限于单个企业或单一行业，而是涉及整个产业链和全球供应链。未来研究可以探索路径依赖理论在跨行业和跨国界治理中的应用。例如，研究不同国家或地区的制造业企业在环保法规、技术创新和市场需求的差异下，如何协调污染治理路径等。

参 考 文 献

[1] 陈作任, 李郇. 经济韧性视角下城镇产业演化的路径依赖与路径创造——基于东莞市樟木头、常平镇的对比分析 [J]. 人文地理, 2018, 33 (4): 113 – 120.

[2] 郭爱君, 胡安军, 王祥兵. 资源型经济区产业路径依赖的形成机制、特性与破解 [J]. 经济问题探索, 2017 (10): 73 – 79.

[3] 贺灿飞. 区域产业发展演化: 路径依赖还是路径创造? [J]. 地理研究, 2018, 37 (7): 1253 – 1267.

[4] 胡志高, 李光勤, 曹建华. 环境规制视角下的区域大气污染联合治理——分区方案设计、协同状态评价及影响因素分析 [J]. 中国工业经济, 2019 (5): 24 – 42.

[5] 黄蕊, 徐倩, 赵意. "人工智能 +" 模式下我国传统产业的效率锁定与解锁——基于路径依赖理论视域 [J]. 经济问题, 2020 (2): 75 – 82.

[6] 金星晔, 左从江, 方明月, 等. 企业数字化转型的测度难题: 基于大语言模型的新方法与新发现 [J]. 经济研究, 2024, 59 (3): 34 – 53.

[7] 苗长虹, 胡志强, 耿凤娟, 等. 中国资源型城市经济演化特征与影响因素——路径依赖、脆弱性和路径创造的作用 [J]. 地理研究, 2018, 37 (7): 1268 – 1281.

［8］ 孙博文，郑世林．环境规制的减污降碳协同效应——来自清洁生产标准实施的准自然实验［J］．经济学（季刊），2024，24（2）：624-642.

［9］ 王翠翠．试点政策执行中的路径依赖——以丽水市扶贫改革试验区政策为例［J］．未来与发展，2023，47（1）：103-112.

［10］ 温忠麟，叶宝娟．中介效应分析：方法和模型发展［J］．心理科学进展，2014，22（5）：731-745.

［11］ 熊熊，邸佳慧，高雅．绿色关注对上市公司绿色创新行为的影响——来自投资者互动平台的证据［J］．系统工程理论与实践，2023，43（7）：1873-1893.

［12］ 余向华．我国经济发展方式转型难的根源：路径依赖视角的分析［J］．管理学刊，2010，23（5）：20-24.

［13］ 张璐，薛慧耀，常雅荔，等．不法常可：如何突破组织惯例的路径依赖——基于资源能力视角的案例研究［J］．科学学与科学技术管理，2023，44（2）：56-74.

［14］ 张生玲，李跃，酒二科，等．路径依赖、市场进入与资源型城市转型［J］．经济理论与经济管理，2016（2）：14-27.

［15］ Acemoglu D, Egorov G, Sonin K. Institutional change and institutional persistence［M］//The Handbook of Historical Economics. Academic Press, 2021: 365-389.

［16］ Alam M B, Hossain M S. Investigating the connections between China's economic growth, use of renewable energy, and research and development concerning CO_2 emissions: An ARDL Bound Test Approach［J］. Technological Forecasting and Social Change, 2024, 201: 123220.

［17］ An B W, Xu P Y, Li C Y, et al. Assessing green production efficiency and spatial characteristics of China's real estate industry based on the undesirable super-SBM model [J]. Scientific Reports, 2024, 14 (1): 16367.

[18] Apajalahti E L, Kungl G. Path dependence and path break-out in the electricity sector [J]. Environmental Innovation and Societal Transitions, 2022, 43: 220 - 236.

[19] Arthur W B, Ermoliev Y M, Kaniovski Y M. Path-dependent processes and the emergence of macro-structure [J]. European Journal of Operational Research, 1987, 30 (3): 294 - 303.

[20] Åström S. Perspectives on using cost-benefit analysis to set environmental targets-a compilation and discussion of arguments informed by the process leading to the 2016 EU air pollution emission targets [J]. Environmental Impact Assessment Review, 2023, 98: 106941.

[21] Bednar J, Page S E. When order affects performance: Culture, behavioral spillovers, and institutional path dependence [J]. American Political Science Review, 2018, 112 (1): 82 - 98.

[22] Belaounia S, Tao R, Zhao H. Director foreign experience: Geographic specificity and value implication [J]. International Review of Financial Analysis, 2024 (91): 102998.

[23] Benlemlih M, Arif M, Nadeem M. Institutional ownership and greenhouse gas emissions: A comparative study of the UK and the USA [J]. British Journal of Management, 2023, 34 (2): 623 - 647.

[24] Berkouwer S B, Dean J T. Private actions in the presence of externalities: The health impacts of reducing air pollution peaks but not ambient exposure [R]. National Bureau of Economic Research, 2023.

[25] Bhaskar R, Pandey D K, Bansal S. CEO duality and corporate social responsibility: A moderation effect of founder CEO [J]. Research in

International Business and Finance, 2024: 102410.

[26] Biddau F, Rizzoli V, Cottone P, et al. "These industries have polluted consciences; we are unable to envision change": Sense of place and lock-in mechanisms in Sulcis coal and carbon-intensive region, Italy [J]. Global Environmental Change, 2024, 86: 102850.

[27] Boadway R. Principles of cost-benefit analysis [J]. Public Policy Review, 2006, 2 (1): 1 – 44.

[28] Buchanan J M, Stubblebine W C. Externality [M]. Inframarginal Contributions to Development Economics, 2006: 55 – 73.

[29] Cao Y, Wang Q, Zhou D. Does air pollution inhibit manufacturing productivity in Yangtze River Delta, China? Moderating effects of temperature [J]. Journal of Environmental Management, 2022, 306: 114492.

[30] Chen F, Wang M, Pu Z. The impact of technological innovation on air pollution: Firm-level evidence from China [J]. Technological Forecasting and Social Change, 2022b, 177: 121521.

[31] Chen F, Zhang T, Chen Z. Assessment of environmental concern for enterprise pollution reduction [J]. Economic Analysis and Policy, 2024 (81): 772 – 786.

[32] Chen L, Wang D, Shi R. Can China's carbon emissions trading system achieve the synergistic effect of carbon reduction and pollution control? [J]. International Journal of Environmental Research and Public Health, 2022a (19): 8932.

[33] Chou K T, Liou H M. Carbon tax in Taiwan: Path dependence and the high-carbon regime [J]. Energies, 2023, 16 (1): 513.

[34] Coccia M. The origins of the economics of innovation [J]. Journal of Economic and Social Thought, 2018, 5 (1): 9 – 28.

[35] Conteh C, Panter D. Path-dependence and the challenges of institutional adaptability: The case of the Niagara Region in Canada [J]. Canadian Journal of Political Science/Revue Canadienne De Science Politique, 2017, 50 (4): 983 - 1004.

[36] Cui J, Dai J, Wang Z, et al. Does environmental regulation induce green innovation? A panel study of Chinese listed firms [J]. Technological Forecasting and Social Change, 2022, 176: 121492.

[37] Cui W, Qiao C. Customer structure and R&D investment: Based on innovative trait [J]. Finance Research Letters, 2024: 105717.

[38] Fan W, Wang F, Liu S, et al. How does financial and manufacturing co-agglomeration affect environmental pollution? Evidence from China [J]. Journal of Environmental Management, 2023, 325: 116544.

[39] Fare R, Grosskopf S, Norris M, et al. Productivity growth, technical progress and efficiency change in industrialized countries [J]. The American Economic Review, 1994 (84): 66 - 83.

[40] Feng T, Sun Y, Shi Y, et al. Air pollution control policies and impacts: A review [J]. Renewable and Sustainable Energy Reviews, 2024a, 191: 114071.

[41] Feng W, Wang Z, Xiao T, et al. Adaptive weighted dictionary representation using anchor graph for subspace clustering [J]. Pattern Recognition, 2024b, 151: 110350.

[42] Fujii H, Managi S, Kaneko S. Decomposition analysis of air pollution abatement in China: Empirical study for ten industrial sectors from 1998 to 2009 [J]. Journal of Cleaner Production, 2013, 59 : 22 - 31.

[43] Fu S, Viard V B, Zhang P. Air pollution and manufacturing firm pro-

ductivity: Nationwide estimates for China [J]. The Economic Journal, 2021, 131 (640): 3241 – 3273.

[44] Geerts R, Vandermoere F, Oosterlynck S. Culture and green tastes: A sociological analysis of the relationship between cultural engagement and environmental practices [J]. Poetics, 2023, 97: 101768.

[45] Gitelman V, Kaplan S, Hakkert S. The causation-prevention chain in infrastructure safety measures: A consideration of four types of policy lock-ins [J]. Accident Analysis & Prevention, 2024, 195: 107399.

[46] Hillman A J, Withers M C, Collins B J. Resource dependence theory: A review [J]. Journal of Management, 2009, 35 (6): 1404 – 1427.

[47] Hu R, Liu B, Sohail S. Green growth path dependence momentum under the prism of COP26: The role of financial deepening, ICT development, and export diversification [J]. Environmental Science and Pollution Research, 2024, 31: 20073 – 20083.

[48] Jiang Z, Liu Z. Policies and exploitative and exploratory innovations of the wind power industry in China: The role of technological path dependence [J]. Technological Forecasting and Social Change, 2022, 177: 121519.

[49] Lin B, Zhou Y. Understanding the institutional logic of urban environmental pollution in China: Evidence from fiscal autonomy [J]. Process Safety and Environmental Protection, 2022, 164: 57 – 66.

[50] Lindquist E. Organizing for policy implementation: The emergence and role of implementation units in policy design and oversight [M]. Institutions and Governance in Comparative Policy Analysis Studies, Routledge, 2020: 116 – 129.

[51] Liu Q, Wen X, Peng H, et al. Key technology breakthrough in new

energy vehicles: Configuration path evolution from innovative ecosystem perspective [J]. Journal of Cleaner Production, 2023a, 423: 138635.

[52] Liu S, Chevallier J, Xiao Q. Identifying influential countries in air pollution control technologies: A social network analysis approach [J]. Journal of Cleaner Production, 2023b, 389: 136018.

[53] Mahran K, Elamer A A. Chief executive officer (CEO) and corporate environmental sustainability: A systematic literature review and avenues for future research [J]. Business Strategy and the Environment, 2024, 33 (3): 1977 – 2003.

[54] Mehmood S, Zaman K, Khan S, et al. The role of green industrial transformation in mitigating carbon emissions: Exploring the channels of technological innovation and environmental regulation [J]. Energy and Built Environment, 2024, 5 (3): 464 – 479.

[55] Mohan A, Bruchon M, Michalek J, et al. Life cycle air pollution, greenhouse gas, and traffic externality benefits and costs of electrifying Uber and Lyft [J]. Environmental Science & Technology, 2023, 57 (23): 8524 – 8535.

[56] North D C. Institutions and economic theory [J]. The American Economist, 2016, 61 (1): 72 – 76.

[57] North D C. Institutions, institutional change and economic performance [M]. Cambridge University Press, 1990.

[58] North D C. Structure and change in economic history: New haven [M]. Yale University Press, 1983.

[59] Ong T S, Zhou J, Teh B H, et al. Equity ownership concentration's impact on corporate internal control: The moderating effects of female directors and board compensation [J]. Environment, Development and

Sustainability, 2024, 26 (5): 12309 – 12337.

[60] Page S E. Path dependence [J]. Quarterly Journal of Political Science, 2006 (1): 87 – 115.

[61] Pei W, Pei W. Empirical study on the impact of government environmental subsidies on environmental performance of heavily polluting enterprises based on the regulating effect of internal control [J]. International Journal of Environmental Research and Public Health, 2022, 20 (1).

[62] Raineau L. Rethinking path dependence, technical innovation and social practices in a renewable energy future [J]. Energy Research & Social Science, 2022, 84: 102411.

[63] Ray S C, Desli E. Productivity growth, technical progress and efficiency change in industrialized countries: Comment [J]. The American Economic Review, 1997 (87): 1033 – 1039.

[64] Rixen T, Viola L A. Putting path dependence in its place: Toward a taxonomy of institutional change [J]. Journal of Theoretical Politics, 2015, 27 (2): 301 – 323.

[65] Rogers E M. Lessons for guidelines from the diffusion of innovations [J]. The Joint Commission Journal on Quality Improvement, 1995, 21 (7): 324 – 328.

[66] Rolland K H, Hanseth O. Managing path dependency in digital transformation processes: A longitudinal case study of an enterprise document management platform [J]. Procedia Computer Science, 2021, 181: 765 – 774.

[67] Rycroft R W, Kash D E. Path dependence in the innovation of complex technologies [J]. Technology Analysis & Strategic Management, 2002,

14 (1): 21 –35.

[68] Saeed I, Khan J, Zada M, et al. Employee sensemaking in organizational change via knowledge management: Leadership role as a moderator [J]. Current Psychology, 2024, 43 (7): 6657 –6671.

[69] Song G, Feng W. Analysis of the spatial layout and influencing factors of pollution-intensive industries based on enterprise dynamics [J]. Ecological Indicators, 2023, 152: 110378.

[70] Song Y, Zhu J, Yue Q, et al. Industrial agglomeration, technological innovation and air pollution: Empirical evidence from 277 prefecture-level cities in China [J]. Structural Change and Economic Dynamics, 2023 (66): 240 –252.

[71] Su L, Cao Y. Dynamic evolutionary game approach for blockchain-driven incentive and restraint mechanism in supply chain financing [J]. Systems, 2023, 11 (8): 406.

[72] Sun W, Hou Y, Guo L. Big data revealed relationship between air pollution and manufacturing industry in China [J]. Natural Hazards, 2021, 107: 2533 –2553.

[73] Tang T, Ho ATK. A path-dependence perspective on the adoption of Internet of Things: Evidence from early adopters of smart and connected sensors in the United States [J]. Government Information Quarterly, 2019, 36 (2): 321 –332.

[74] Tone K. A slacks-based measure of efficiency in data envelopment analysis [J]. European Journal of Operational Research, 2001, 130 (3): 498 –509.

[75] Tone K. A slacks-based measure of super-efficiency in data envelopment analysis [J]. European Journal of Operational Research, 2002, 143

(1): 32 –41.

[76] Trencher G, Okubo Y, Mori A. Phasing out carbon not coal? Identifying coal lock-in sources in Japan's power utilities [J]. Climate Policy, 2024, 24 (6): 766 –784.

[77] Troje D. Path dependencies and sustainable facilities management: A study of housing companies in Sweden [J]. Building Research & Information, 2023, 51 (8): 965 –978.

[78] Vallero D A. Fundamentals of air pollution [M]. Academic Press, 2014.

[79] Van Assche K, Duineveld M, Gruezmacher M, et al. Steering as path creation: Leadership and the art of managing dependencies and reality effects [J]. Politics and Governance, 2021, 9 (2): 369 –380.

[80] Viktor V. The policy transfer of environmental policy integration: Path dependency, route flexibility, or the Hungarian way? [J]. Policy Studies, 2022 (43): 943 –961.

[81] Wang C H, Juo W J. An environmental policy of green intellectual capital: Green innovation strategy for performance sustainability [J]. Business Strategy and the Environment, 2021, 30 (7): 3241 – 3254.

[82] Wang S, Li J, Razzaq A. Do environmental governance, technology innovation and institutions lead to lower resource footprints: An imperative trajectory for sustainability [J]. Resources Policy, 2023, 80: 103142.

[83] Wu H, Wang L, Peng F. Does it pay to be green? The impact of emissions reduction on corporate tax burden [J]. Journal of Asian Economics, 2024, 91: 101707.

[84] Xian B, Xu Y, Chen W, et al. Co-benefits of policies to reduce air

pollution and carbon emissions in China [J]. Environmental Impact Assessment Review, 2024, 104: 107301.

[85] Xiao W L, Qiu T Z, Liu Q, et al. Manufacturing crisis and twin-oriented manufacturing [J]. Journal of Manufacturing Systems, 2024, 73: 205 –222.

[86] Xu F, Cui F, Xiang N. Roadmap of green transformation for a steel-manufacturing intensive city in China driven by air pollution control [J]. Journal of Cleaner Production, 2021, 283: 124643.

[87] Yang H, Yuan P. Environmental protection investment on performance of heavy-polluting enterprises: Evidence from China's A-share listed companies [J]. Environmental Science and Pollution Research, 2024, 31 (13): 20383 –20398.

[88] Ying T, Chao F. The internal-structural effects of different types of environmental regultions on China's green total factor productivity [J]. Energy Economics, 2022, 113: 106246.

[89] Yoon S, Chung Y, Han S, et al. Do external risk factors increase or decrease country-level R&D efficiency: Focused on air pollution and job insecurity? [J]. Technology Analysis & Strategic Management, 2024, 36 (3): 472 –485.

[90] Yu Y, Ren F, Ju Y, et al. Exploring the role of digital transformation and breakthrough innovation in enhanced performance of energy enterprises: Fresh evidence for achieving sustainable development goals [J]. Sustainability, 2024, 16 (2): 650.

[91] Zhang P, Wu J. Performance targets, path dependence, and policy adoption: Evidence from the adoption of pollutant emission control policies in Chinese provinces [J]. International Public Management Jour-

nal, 2020, 23 (3): 405 – 420.

[92] Zhang W, Li G, Yin H, et al. Adsorption and desorption mechanism of aromatic VOCs onto porous carbon adsorbents for emission control and resource recovery: Recent progress and challenges [J]. Environmental Science: Nano, 2022 (9): 81 – 104.

[93] Zhao C, Zhong C, Liu C, et al. How the digital economy is empowering green strategies for breaking carbon lock-in [J]. Journal of Environmental Management, 2024a, 365: 121670.

[94] Zhao X, Benkraiem R, Abedin M Z, et al. The charm of green finance: Can green finance reduce corporate carbon emissions? [J]. Energy Economics, 2024b, 134: 107574.

[95] Zheng P, Wang S. Can multiple major shareholders reduce the probability of listed firms receiving inquiries from stock exchanges? Evidence from China [J]. Finance Research Letters, 2024 (65): 105512.

[96] Zheng Y, Li A, Yan Z, et al. Does employee whistleblowing inhibit corporate pollutant emission [J]. International Review of Financial Analysis, 2024 (91): 103009.

[97] Zhou L, Fan J, Hu M, et al. Clean air policy and green total factor productivity: Evidence from Chinese prefecture-level cities [J]. Energy Economics, 2024, 133: 107512.

[98] Zhu H, Liu Z, Wilson J, et al. Spatiotemporal evolution and key driver analysis of ozone pollution from the perspectives of spatial spillover and path-dependence effects in China [J]. Environmental Pollution, 2024, 356 (124318): 1 – 13.

附　录

附表1　　　　　　　　制造业两位码29个细分子行业

编码	子行业名称	简称
13	农副食品加工业	农副食品
14	食品制造业	食品制造
15	酒、饮料和精制茶制造业	酒、饮料
17	纺织业	纺织业
18	纺织服装、服饰业	纺织服装
19	皮革、毛皮、羽毛及其制品和制鞋业	皮革、毛皮
20	木材加工及木、竹、藤、棕、草制品业	木材加工
21	家具制造业	家具制造
22	造纸和纸制品业	造纸和纸制品
23	印刷和记录媒介复制业	印刷和记录
24	文教、工美、体育和娱乐用品制造业	文教、工美
25	石油、煤炭及其他燃料加工业	石油、煤炭
26	化学原料和化学制品制造业	化学原料
27	医药制造业	医药制造业
28	化学纤维制造业	化学纤维
29	橡胶和塑料制品业	橡胶和塑料
30	非金属矿物制品业	非金属矿物
31	黑色金属冶炼和压延加工业	黑色金属
32	有色金属冶炼和压延加工业	有色金属
33	金属制品业	金属制品业
34	通用设备制造业	通用设备

编码	子行业名称	简称
35	专用设备制造业	专用设备
36	汽车制造业	汽车制造业
37	铁路、船舶、航空航天和其他运输设备制造业	铁路、船舶
38	电气机械和器材制造业	电气机械
39	计算机、通信和其他电子设备制造业	计算机
40	仪器仪表制造业	仪器仪表
41	其他制造业	其他制造业
42	废弃资源综合利用业	废弃资源

附表 2　　　　　　　　　替换被解释变量回归结果（氮氧化物）

变量	$\ln no_x$		
	（1）	（2）	（3）
$\ln tech\_d$	-0.5442^{***} （0.0234）		
$\ln tech\_d^2$	0.0902^{***} （0.0023）		
$\ln inst\_d$		-0.6144^{***} （0.0215）	
$\ln inst\_d^2$		0.0895^{***} （0.0019）	
$\ln mana\_d$			-0.7367^{***} （0.0193）
$\ln mana\_d^2$			0.0988^{***} （0.0017）
控制变量	Yes	Yes	Yes
R^2	0.3274	0.3496	0.4703
样本量	19428	19428	19428
F 值	895.57	1095.08	1031.11

注：括号中为稳健标准误，$*$、$**$ 和 $***$ 分别表示在 10%、5% 和 1% 的水平上显著。

附表3　　　　　　　　　　　替换被解释变量回归结果（颗粒物）

变量	ln*sodu*		
	（1）	（2）	（3）
ln*tech_d*	− 0. 5476 *** （0. 0235）		
ln*tech_d*^{2}	0. 0906 *** （0. 0023）		
ln*inst_d*		− 0. 6145 *** （0. 0214）	
ln*inst_d*^{2}		0. 0894 *** （0. 0019）	
ln*mana_d*			− 0. 7370 *** （0. 0192）
ln*mana_d*^{2}			0. 0987 *** （0. 0017）
控制变量	Yes	Yes	Yes
R^2	0. 3293	0. 3497	0. 4735
样本量	19428	19428	19428
F 值	847. 06	1117. 00	1047. 48

注：括号中为稳健标准误，*、** 和 ***分别表示在10%、5%和1%的水平上显著。

附表4　　　替换被解释变量回归结果（空气污染综合当量系数）

变量	lncape		
	（1）	（2）	（3）
ln*tech_d*	− 0.0109 *** （0.0005）		
ln*tech_d*^{2}	0.0018 *** （0.0000）		
ln*inst_d*		− 0.0123 *** （0.0004）	
ln*inst_d*^{2}		0.0018 *** （0.0000）	
ln*mana_d*			− 0.0147 *** （0.0004）
ln*mana_d*^{2}			0.0020 *** （0.0000）
控制变量	Yes	Yes	Yes
R^2	0.3624	0.3853	0.5205
样本量	19428	19428	19428
F 值	928.53	1225.20	1124.80

注：括号中为稳健标准误，＊、＊＊和＊＊＊分别表示在10%、5%和1%的水平上显著。

附表5　　　　　　　　　　缩尾异常值回归结果

变量	(1)	(2)	(3)
ln$tech\_d$	-0.5159 *** (0.0207)		
ln$tech\_d^2$	0.0857 *** (0.0021)		
ln$inst\_d$		-0.5835 *** (0.0190)	
ln$inst\_d^2$		0.0853 *** (0.0017)	
ln$mana\_d$			-0.6989 *** (0.0172)
ln$mana\_d^2$			0.0940 *** (0.0016)
控制变量	Yes	Yes	Yes
R^2	19428	19428	19428
样本量	0.3146	0.3383	0.4576
F 值	841.42	1041.40	993.64

注：括号中为稳健标准误，＊、＊＊和＊＊＊分别表示在10%、5%和1%的水平上显著。

附表6　　根据大气污染排放水平（二氧化硫排放量）划分的三组子样本

变量	样本量	包含的子行业
高排放组	8108	黑色金属冶炼和压延加工业，非金属矿物制品业，有色金属冶炼和压延加工业，化学原料和化学制品制造业，石油、煤炭及其他燃料加工业，造纸和纸制品业，医药制造业，金属制品业，农副食品以及纺织业
中排放组	3131	食品制造业，酒、饮料和精制茶制造业，化学纤维制造业，橡胶和塑料制品业，印刷和记录媒介复制业，木材加工及木、竹、藤、棕、草制品业，纺织服装、服饰业，通用设备制造业，其他制造业以及皮革、毛皮、羽毛及其制品和制鞋业
低排放组	8189	废弃资源综合利用业，专用设备制造业，电气机械和器材制造业，家具制造业，铁路、船舶、航空航天和其他运输设备制造业，汽车制造业，计算机、通信和其他电子设备制造业，文教、工美、体育和娱乐用品制造业以及仪器仪表制造业

附表7

行业排放异质性检验

变量	模型（1）			模型（2）			模型（3）		
$\ln so_2$	高	中	低	高	中	低	高	中	低
$\ln tech$	-0.5343*** (0.0327)	-0.5802*** (0.0319)	-0.4727*** (0.0333)						
$\ln^2 tech$	0.0882*** (0.0031)	0.0931*** (0.0040)	0.0830*** (0.0033)						
$\ln inst$				-0.5978*** (0.0331)	-0.6570*** (0.0234)	-0.5391*** (0.0278)			
$\ln^2 inst$				0.0860*** (0.0029)	0.0919*** (0.0028)	0.0815*** (0.0026)			
$\ln mana$							-0.6895*** (0.0284)	-0.7765*** (0.0268)	-0.6761*** (0.0269)
$\ln^2 mana$							0.0921*** (0.0025)	0.1009*** (0.0030)	0.0927*** (0.0025)
控制变量	Yes	Yes	Yes	Yes	Yes	Yes	Yes	Yes	Yes
R^2	0.3645	0.3384	0.2786	0.3528	0.3581	0.3165	0.4693	0.4656	0.4441
样本量	7718	3521	8189	7718	3521	8189	7718	3521	8189
F 值	466.53	157.12	287.19	441.89	225.60	396.70	438.98	210.80	377.82

注：括号中为稳健标准误，*、** 和 *** 分别表示在10%、5%和1%的水平上显著。

附表 8　　　　　　　　　　　　2SLS – IV 回归结果

变量	(1)		(2)		(3)	
	ln$tech\_d$	lnso_2	ln$inst\_d$	lnso_2	ln$mana\_d$	lnso_2
IV1	− 0. 1184 ***					
	(0. 0236)					
ln$tech\_d$		− 1. 2358 ***				
		(0. 1521)				
IV2			− 0. 0844 ***			
			(0. 0230)			
ln$inst\_d$				− 1. 2823 ***		
				(0. 2049)		
IV3					− 0. 1151 ***	
					(0. 0254)	
ln$mana\_d$						− 1. 2110 ***
						(0. 1282)
控制变量	Yes	Yes	Yes	Yes	Yes	Yes
样本量	17544	17544	17544	17544	17544	17544
F 统计量	25. 11		13. 53		20. 49	

注：括号中为稳健标准误，＊、＊＊和＊＊＊分别表示在 10%、5% 和 1% 的水平上显著。